MEIN LEBEN IN BILDERN

Dank an
Tenzin Geyche Tethong, Tenzin Takhla, Jetson Pema,
Ngari Rinpoche, Dagpo Rinpoche und an das Bureau du Tibet,
84, Bd. Adolphe Pinard, 75014 Paris
Der Bildband entstand in Zusammenarbeit mit Florence und Cyril Drouhet.

www.tibet-info.net

Bibliografische Information der Deutschen Nationalbibliothek
Die Deutsche Nationalbibliothek verzeichnet diese Publikation in der Deutschen
Nationalbibliografie; detaillierte bibliografische Daten sind im Internet über
http://dnb.d-nb.de abrufbar.

1. Auflage

Graphische Gestaltung: Massin
Übersetzung aus dem Französischen: Monika Kalitzke
Lektorat der deutschsprachigen Ausgabe: Elisabeth Hölzl

Gedruckt in der EU.

Copyright © 2008 der französischen Originalausgabe by Éditions Hoëbeke, Paris
Copyright © 2009 der deutschsprachigen Ausgabe by Christian Brandstätter Verlag, Wien

Alle Rechte, auch die des auszugsweisen Abdrucks
oder der Reproduktion einer Abbildung, sind vorbehalten.
Das Werk einschließlich aller seiner Teile ist urheberrechtlich geschützt.
Jede Verwertung ohne Zustimmung des Verlages ist unzulässig.
Dies gilt insbesondere für Vervielfältigungen, Übersetzungen, Mikroverfilmungen
und die Einspeicherung und Verarbeitung in elektronischen Systemen.

ISBN 978-3-85033-299-6

Christian Brandstätter Verlag
GmbH & Co KG
A-1080 Wien, Wickenburggasse 26
Telefon (+43-1) 512 15 43-0
Telefax (+43-1) 512 15 43-231
E-Mail: info@cbv.at
www.cbv.at

DALAI LAMA
MEIN LEBEN
IN BILDERN

MIT PERSÖNLICHEN TEXTEN SEINER HEILIGKEIT
SOWIE BEITRÄGEN VON CLAUDINE VERNIER-PALLIEZ
UND MATTHIEU RICARD

Übersetzt aus dem Französischen von Monika Kalitzke

CHRISTIAN BRANDSTÄTTER VERLAG

Vorwort

Der 14. Dalai Lama, ein sehr persönliches Porträt

Am Fuße des dunklen, imposanten Himalajamassivs liegt in Indien das Dorf Dharamsala in friedlichem Schlaf. Auf der Spitze eines bewaldeten Hügels gehen ein paar blasse Lichter an. Der 14. Dalai Lama erwacht. Es ist drei Uhr morgens. Nun beginnt der Tag einer der bemerkenswertesten Persönlichkeiten unseres Jahrhunderts mit Gebet und Meditation. Unabhängig von Ort und Umständen meditiert der geistliche und weltliche Führer des tibetischen Volkes jeden Morgen vier Stunden lang. Eine Meditation, die vor allem ein intensives Gebet für das Glück der Menschen ist.

Das Zimmer ist sehr einfach, mit Vertäfelungen aus lackiertem Holz, ohne die in den tibetischen Tempeln üblichen üppigen Verzierungen. Auf dem kleinen Altar sind eine Buddhastatue, Fotos seiner spirituellen Meister und heilige Texte angeordnet. Während er die BBC-Nachrichten hört, nimmt der Dalai Lama gegen sechs Uhr mit großem Appetit sein Frühstück zu sich, denn wie jeder buddhistische Mönch isst er nichts zu Abend. Dann meditiert er weiter bis gegen acht oder neun Uhr.

Der Dalai Lama hält sich eisern an diese Disziplin, aus der er die notwendige Kraft für seinen unermüdlichen Einsatz in der Tibet-Frage schöpft. Zum Abschluss seiner Meditation geht der Dalai Lama in einen Raum, in dem die wertvollen Reliquien aus Tibet aufbewahrt sind. Darunter eine mannshohe Buddhastatue aus Sandelholz, ein Geschenk von Anhängern des Dalai Lama, die sie vor den Zerstörungen der chinesischen Invasion retten konnten. Vor diesem heiligen Bild, für ihn gleichbedeutend mit dem Buddha selbst, wirft sich der Dalai Lama hundertacht Mal nieder: eine bescheidene Ehrung, die er nicht einem Gott, sondern dem Erwachen, dem höchsten Wissen, zuteil werden lässt.

UNTERWEGS FÜR DAS MITGEFÜHL

Ein typischer Tag des Dalai Lama in seiner Residenz in Dharamsala erscheint ruhig und beschaulich. Aber die Unterweisungen, die er in Indien oder im Ausland vor manchmal mehreren Hunderttausend Anhängern erteilt und der Trubel rund um seine Reisen quer durch die Welt machen diesen geordneten Tagesablauf einen großen Teil des Jahres hindurch unmöglich. Um den Ansprüchen aller gerecht zu werden und das Anliegen Tibets zu verfechten, das im totalitären Würgegriff des kommunistischen Regimes Chinas zu ersticken droht, entwickelt dieser unermüdliche Pilger für den Frieden eine Aktivität, bei der sich die Erholungsphasen in Minuten zählen lassen. Trotz dieses kaum erträglichen Tempos bewahrt Kundun stets die gleiche heitere Gelassenheit, die gleiche Wahrhaftigkeit. Vor jedem, egal ob Besucherin oder bloßer Passant auf dem Flughafen, ist er vollkommen und unmittelbar präsent, mit einem Blick voller Güte, die bis ins Herz eindringt, dort ein Lächeln zurück lässt und sich dann leise davonstiehlt.

Aber Güte ist nicht Schwäche und wenn sich die Gelegenheit dazu bietet, erwacht plötzlich die Kraft des Redners. Oft hat er mitgeteilt: „Mein Kampf für das tibetische Volk ist nicht eine jener Schlachten, aus denen am Ende ein Sieger und ein Verlierer oder öfter noch zwei Verlierer hervorgehen; was ich mit meiner ganzen Kraft erreichen möchte, ist der Sieg der Wahrheit."

Er erklärt oft, dass er mit all seinen Reisen vor allem die menschlichen Werte fördern und zu einem besseren Verständnis zwischen den Religionen beitragen will. Für ihn ist klar, dass eine Erziehung, die vorrangig die Intelligenz der jungen Menschen zu entwickeln und diese mit einer Unmenge an Informationen zu versorgen sucht, nicht ausreicht. „Die Attentäter vom 11. September 2001 haben ihren Anschlag mit großer Intelligenz vorbereitet. Aber sie haben diese Intelligenz für eine so unvorstellbare Tat benutzt, ein Flugzeug voller Menschen als Bombe zu verwenden, um mit ihr andere Menschen zu töten." Es ist daher unerlässlich, betont er, den jungen Leuten bei der Entwicklung menschlicher Eigenschaften zu helfen, die sie befähigen, ihre Intelligenz weise und altruistisch einzusetzen.

Nach Meinung des Dalai Lama müssen wir uns auch bewusst werden, dass es unser Geist ist, der die Erfahrung von Glück und Leid macht, und wir auf dem Irrweg sind, wenn wir hoffen, das Glück außerhalb von uns selbst zu finden. Bei einem Besuch in Portugal, bei dem ihm die rege Bautätigkeit aufgefallen ist, zog er eine verblüffende Parallele, um diesen Punkt besser zu illustrieren: „Wenn jemand, der gerade ein Luxusappartment im 100. Stockwerk bezogen hat, innerlich unglücklich ist, ist das Einzige, was er sucht, ein Fenster, aus dem er sich hinausstürzen kann." Es ist also ganz wesentlich, dass wir das Glück in uns selbst finden und verstehen, wie eng unser Glück mit dem des Anderen verbunden ist.

All das schließt weder Humor noch Natürlichkeit aus. Wie oft habe ich nicht gesehen, wie er nach einem Treffen mit einem Präsidenten oder einem Minister zum Portier in sein Häuschen oder zur Telefonistin hinter ihre Scheibe gegangen ist, um ihnen die Hand zu schütteln, oder welch diebische Freude es ihm machte, einem stramm stehenden Soldaten der französischen Garde Républicaine mit seiner schmucken Uniform und blankem Säbel kräftig auf die Schulter zu klopfen, sodass dieser erstarrt, aber entzückt zurückblieb, weil jemand ihn wie einen Menschen behandelt hatte. Als Danielle Mitterrand, die Ehefrau des ehemaligen französischen Präsidenten, den Dalai Lama in Dharamsala besuchte, führte er sie herum. Bei der großen Buddhastatue im Tempel des Klosters angelangt, zeigte der Dalai Lama ehrfurchtsvoll auf die Statue und meinte: „My boss!"

Die unerklärliche Macht des Mitgefühls zeigt sich ganz besonders deutlich bei improvisierten Treffen. Ich erinnere mich, wie der Dalai Lama beim Konzert von Amnesty International in Bercy am 11. Dezember 1999 zwischen zwei Rocksongs als Überraschungsgast auf die hell erleuchtete Bühne trat: 15 000 Jugendliche erhoben sich mit einem Ruck und bereiteten dem Verfechter der Gewaltlosigkeit Standing Ovations. Dann lauschten sie in einer für diesen Ort ungewöhnlichen Stille seinen herzlichen Worten. Als er geendet hatte, brach im Auditorium wieder ein gewaltiger Jubel los. Wie kann man eine solche Einhelligkeit, eine so herzliche Reaktion von einer unvorbereiteten Menschenmenge erklären? Erinnerungen an Gandhi, Martin Luther King werden wach … Diese Menge hatte die ungeheure Größe seines Herzens gespürt.

Bei einer Meinungsumfrage in Deutschland sahen 33 Prozent der Bevölkerung im Dalai Lama die derzeit weiseste Person (für 14 Prozent war es der Papst). Interessanterweise ist dieser Prozentsatz bei den Katholiken noch höher (37 Prozent). Rund 150 000 kamen, um ihn im Central Park in New York zu hören. Fragt man den Dalai Lama, warum er solche Sympathie hervorruft, antwortet er: „Ich habe keine besondere Fähigkeit. Vielleicht kommt es daher, weil ich mein Leben lang mit der ganzen Kraft meines Geistes über die Liebe und das Mitgefühl meditiert habe."

Abgesehen vom außerordentlichen Wohlwollen gegenüber allen Lebewesen, ist eine der Eigenschaften, die jenen Leuten, die das Glück haben, mit dem Dalai Lama zu verkehren, am meisten auffällt, seine unerschütterliche Authentizität. Paul Ekman, einer der weltweit größten Spezialisten für Emotionen, erzählt, dass er in den fünfzig Jahren, in denen er den Ausdruck der Emotionen beobachtet, nie jemanden getroffen hat, der seine Gefühle auf seinem Gesicht so transparent zeigt. Dem Dalai Lama ist Scheinheiligkeit völlig fremd, denn sein eigenes Image interessiert ihn überhaupt nicht. Und ich glaube, dass der Dalai Lama dank dieser Authentizität, verbunden mit seiner Weisheit und unfehlbaren Güte, bei uns selbst ganz natürlich das Beste an die Oberfläche bringt. Wie oft habe ich gesehen, wie Leute steif, reserviert, manchmal zweifelnd zu ihm gegangen sind und wenige Augenblicke später mit Tränen in den Augen und vollkommen gelöst wieder herauskommen? Seine Natürlichkeit, seine Spontaneität und seine Art, von jedem betroffen zu sein als handelte es sich um einen nahen Verwandten, reißt alle Schranken nieder.

Persönlich muss ich sagen, dass ein paar Dolmetschtage in seiner Gegenwart für mich immer in geistiger wie menschlicher Hinsicht ein Jungbrunnen sind, und eine tiefe Quelle der Inspiration.

EINE BESSERE HARMONIE ZWISCHEN DEN RELIGIONEN

Oft erklärt der Dalai Lama: „Ich bin nicht gekommen, um ein oder zwei Menschen mehr zu Buddhisten zu machen, sondern nur, um meine Erfahrung über eine Weisheit zu teilen, die der Buddhismus im Laufe der Jahrhunderte entwickelt hat."

Die tolerante und offene Geisteshaltung zählt zu den im Westen am meisten geschätzten Eigenschaften des Buddhismus. In der Tat gründet sich der Buddhismus auf Lebenserfahrungen und nicht auf Dogmen. In diesem Sinne kann man ihn als „kontemplative Wissenschaft" bezeichnen. Er erforscht nicht die äußeren Objekte, sondern die geistigen Erlebnisse, die Mechanismen von Glück und Leid. Immer wieder hat die Geschichte bewiesen, dass Religionen oft Auslöser größerer Konflikte gewesen sind. Um das zu ändern, ist es sehr wichtig, die Treffen von Gelehrten zu fördern. Sie ermöglichen es, die philosophischen Grundlagen der verschiedenen Religionen besser kennen zu lernen und den Dialog zwischen den Kontemplativen, die den tiefen Sinn ihrer persönlichen Erfahrungen teilen, in Gang zu bringen.

RELIGION, PHILOSOPHIE ODER LEBENSKUNST?

Der Buddhismus ist vor allem ein Weg der Transformation mit dem Ziel, das wahre Glück zu finden. Wer will schon leiden? Wer wacht morgens mit dem Wunsch auf: „Könnte ich nur den ganzen Tag lang unglücklich sein!" Bewusst oder unbewusst streben wir alle nach dem „höchsten Wohlbefinden". Unzählige Dinge tun wir, um Liebes- und Freundschaftsbande zu knüpfen, Neues zu erforschen und zu erschaffen, reich zu werden, die, die wir gern haben, zu schützen und uns vor denen, die uns schaden, in Acht zu nehmen. Das Gegenteil zu wollen wäre absurd. Aber im Buddhismus geht es nicht um ein paar angenehme Empfindungen, um ein intensives Vergnügen oder um einen Tag, an dem wir zufrieden sind. Diese verschiedenen Facetten, die man oft für das Glück hält, können für sich allein nicht die tief empfundene Glückseligkeit widerspiegeln, die das wahre Glück kennzeichnet. Dem Buddhismus zufolge ist das wahre Glück ein Wohlbefinden, das aus einem außerordentlich klaren und ausgeglichenen Geist entsteht. Es ist eine Eigenschaft des Seins, die alle Freuden und alles Leid des Daseins in sich birgt, und auch ein Zustand der Weisheit, frei von Hass, Begierde, Stolz und Eifersucht.

GRENZENLOSER ALTRUISMUS

Ein natürlicher Bestandteil des Glücks ist der Altruismus, der nach außen strahlt anstatt auf sich selbst gerichtet zu sein. Wer mit sich selbst in Frieden lebt, wird spontan zum Frieden seiner Familie, seiner Nachbarschaft, seines Dorfes und, wenn notwendig, seines Landes beitragen. Durch seine Gelassenheit und sein Gefühl der Fülle fördert der glückliche Mensch ganz selbstverständlich das Wohlbefinden der Gesellschaft, in der er lebt. Durch die Transformation des Selbst können wir die Welt besser transformieren.

DIE UNIVERSELLE VERANTWORTUNG
Liebe und Mitgefühl gehen Hand in Hand mit dem für die buddhistische Philosophie zentralen Begriff der Interdependenz. Unser ganzes Leben ist eng mit einer sehr großen Anzahl von Lebewesen verbunden, und unser Glück kommt zwangsläufig über das des Mitmenschen. Es auf dem Leid des Nächsten aufzubauen ist nicht nur unmoralisch, sondern unrealistisch. Tatsächlich wirkt sich jede wichtige Veränderung, die sich irgendwo in der Welt ereignet, auf jeden von uns aus. In unserem Denken und Handeln müssen wir uns vom Wohlergehen aller Lebewesen betroffen fühlen. Daher der ganz essenzielle Begriff der Gewaltlosigkeit gegenüber dem Menschen, der Gewaltlosigkeit gegenüber den Tieren und der Gewaltlosigkeit auch gegenüber der Umwelt. Der Dalai Lama sagt: „Es ist ein tragischer Irrtum, wenn man das Glück sucht und dabei vom Leiden der Mitmenschen unberührt bleibt."

EINE LAIZISTISCHE ETHIK
Der Dalai Lama betont oft, dass man ohne Religion leben, aber dass niemand ohne Liebe und Mitgefühl auskommen kann. Vom Tag unserer Geburt an bis zum Tod müssen wir Liebe bekommen und geben. Er unterscheidet zwischen Religion und weltlicher Ethik, oder laizistischer Spiritualität, die zum Ziel hat, aus uns bessere Menschen zu machen und Eigenschaften zu entwickeln, zu denen wir alle fähig sind, egal ob gläubig oder nicht.

DER RECHTE BEWEGGRUND
Der Dalai Lama erinnert uns immer wieder daran, wie wichtig es ist, dass wir die tieferen Beweggründe für unsere Handlungen ständig überprüfen und jegliches Tun, das nicht zum Wohlergehen der Lebewesen beiträgt oder schlimmer noch, das ihnen schaden kann, unterlassen. So simpel dieser Grundsatz zu sein scheint, so erfordert seine Umsetzung offenbar eine tiefe Transformation des Selbst und eine kompromisslose Ehrlichkeit, beides unerlässliche Vorbedingungen für jedes rechte Tun.

Im Buddhismus ist ein Verbrecher ein Kranker. Ein Arzt kann angesichts der Krankheit oder des Wahnsinns eines Patienten Mitleid verspüren, aber sein Ziel ist, ihn zu heilen und nicht ihn zu verurteilen oder zu bestrafen. Und so müssen wir jemanden, der uns Unrecht tut, als Menschen betrachten, der von Feindseligkeit, Geiz, Arroganz und Eifersucht vergiftet ist. Man muss ihn daran hindern Schaden anzurichten, ohne hingegen so zu werden wie er, vom Hass getrieben. Kämpfen wir nicht gegen einen Menschen, sondern gegen ein Gefühl oder ein Verhalten! Versuchen wir, dem Verbrecher zu helfen sich zu ändern.

IST GEWALTLOSIGKEIT SCHWÄCHE?
Der Dalai Lama sagt: „Äußere Abrüstung kann nicht ohne innere Abrüstung geschehen. Wenn der einzelne Mensch nicht friedfertig wird, wird es eine Gesellschaft als Summe dieser Individuen nie werden." Daher können sich Menschen, die die buddhistischen Ideale leben und pflegen, nicht vorstellen, dem Anderen Böses zuzufügen. Das Gegenteil ist ein Unsinn. Dieses Umdenken des Individuums muss natürlich an erster Stelle die Führungskräfte einschließen! Es ist bekannt, dass 95 Prozent der weltweiten Rüstungsverkäufe von den fünf ständigen Mitgliedern des UN-Sicherheitsrates getätigt werden.

Und wie es seine Heiligkeit ausdrückt: „Einen Konflikt mit dem Verstand zu lösen anstatt mit Stärke, gibt das Gefühl richtig zu handeln und erzeugt tiefe Zufriedenheit. Der Einsatz von Gewalt führt beim Anderen – außer, wenn er außerordentlich weise ist – zu einem andauernden Gefühl der Verbitterung, das neue Konflikte entstehen lässt. Es ist schwierig, jemanden zu einer Änderung zu bewegen, ohne davor dessen Geisteshaltung zu ändern. Nur mit vernünftigen, wohlwollend vorgebrachten Argumenten kann man die Haltung von jemandem ändern, nicht durch Zwang."

EIN NEUER DIALOG MIT DER WISSENSCHAFT

Noch nie hatte man in Washington bei der „Tagung der Amerikanischen Gesellschaft für Neurowissenschaften" erlebt, dass Wissenschaftler um einen Sitzplatz in den ersten Reihen laufen. Aber genau das geschah am vergangenen 12. November, als sich die Türen des riesigen Auditoriums öffneten, in dem der Dalai Lama die Eröffnungsrede der jährlich mit 37 000 Wissenschaftlern stattfindenden Tagung halten sollte. Eine halbe Stunde lang ging er auf den pragmatischen und experimentellen Charakter des Buddhismus ein, dessen Ziel die Beseitigung des Leidens durch mehr Wissen über das Funktionieren des Geistes ist. Und er meinte, dass einige alte buddhistische Schriften als veraltet angesehen werden müssten, wenn die in der Wissenschaft gewonnenen Kenntnisse sie widerlegten, wie zum Beispiel im Bereich der Kosmologie. „Dafür kann der Buddhismus seine Kenntnisse aus über zweitausend Jahren Praxis im mentalen Training mit der modernen Wissenschaft teilen." Stephen Kosslyn, Leiter des Psychologie-Departments an der Harvard Universität und internationaler Spezialist für Mental Imagery, erklärte vor kurzem: „Angesichts der Fülle empirischer Daten, die wir den buddhistischen Kontemplativen verdanken, ist auf unserer Seite Bescheidenheit angebracht."

In welchem Ausmaß kann man seinen Geist trainieren, damit er konstruktiv wird, damit er Besessenheit durch Zufriedenheit, Rastlosigkeit durch Ruhe, Hass durch Mitgefühl ersetzt? Vor zwanzig Jahren besagte ein Dogma der Neurowissenschaften, dass alle Nervenzellen des Gehirns bereits bei der Geburt vorhanden sind und sich ihre Anzahl durch das Erlebte nicht verändert. Heutzutage sprechen die Neurowissenschaftler eher von „Neuroplastizität" und meinen mit diesem Begriff, dass sich das Gehirn kontinuierlich mit unseren Erfahrungen weiterentwickelt und das ganze Leben hindurch neue Nervenzellen bilden kann. Tatsächlich kann das Gehirn durch ein spezielles Training, zum Beispiel durch das Erlernen von Musik oder Sport, tiefgreifend verändert werden. Das legt nahe, dass auch die Achtsamkeit, das Mitgefühl und sogar das Glück anerzogen werden können und zu einem großen Teil zum erworbenen „Know-how" gehören.

Nun, jede Kompetenz bedarf der Übung. Man kann nicht erwarten, Klaviervirtuose oder Tennischampion zu werden, ohne intensiv zu üben. Es ist absolut vorstellbar, den Geist so zu trainieren wie den Körper; also kann man täglich eine gewisse Zeit dazu verwenden, das Mitgefühl oder jede andere positive Eigenschaft zu üben. Im Buddhismus bedeutet „meditieren" „üben". Denn durch die Meditation soll es gelingen, zu einer neuen Art des Seins zu finden, die eigenen Gedanken und Emotionen zu steuern und die Welt wahrzunehmen. Die Neurowissenschaftler können ihrerseits diese Methoden auswerten und ihren Einfluss auf Gehirn und Körper überprüfen.

Seit dem Jahr 2000 starteten mehrere Forschungsprogramme mit Personen, die sich rund zwanzig Jahre lang der systematischen Entwicklung von Mitgefühl, Altruismus und innerem Frieden gewidmet haben. Rund zwanzig praktizierende Buddhisten, Mönche wie Laien aus Asien und Europa, von denen jeder zwischen 10 000 und 50 000 Meditationsstunden absolviert hatte, demnach „Spitzensportler" in ihrer Disziplin, nahmen an der Universität von Madison in Wisconsin an einer Studie des französischen Forschers Antoine Lutz und des Teams von Richard Davidson über die Auswirkungen der Meditation auf das Gehirn teil.

Damit gibt es zum ersten Mal Resultate einer seriösen Forschungsstudie über meditative Zustände. Nach ihrer Veröffentlichung im prestigeträchtigen Bericht der National Academy of Sciences, PNAS, wurde der Artikel mehr als 150 000 Mal heruntergeladen, und ein Jahr später stand er an fünfter Stelle der am häufigsten gelesenen Artikel der Internetseite dieses Journals.

Der Versuch zeigte, dass, sobald die Probanden begannen über das Mitgefühl zu meditieren, eine bemerkenswerte Zunahme der schnellen sogenannten Gammaband-Oszillationen sowie der Kohärenz ihrer Gehirnaktivität eintrat. Diese Aktivität war wesentlich höher als jene in der aus zehn jungen Studenten bestehenden Vergleichsgruppe, die eine Woche lang Meditation gelernt hatten; sie ist „von einer Größenordnung, die noch nie in der Literatur der Neurowissenschaften beschrieben wurde", sagt Richard Davidson.

Anscheinend stehen wir also kurz vor spannenden Entdeckungen, mit denen gezeigt werden soll, dass wir unseren Geist in weit größerem Ausmaß verändern können als die Psychologie bisher angenommen hat. Der Dalai Lama spielte dabei als Katalysator eine entscheidende Rolle. Denn er förderte den Dialog durch die Veranstaltungen „Wissenschaft und Buddhismus", die seit 1987 vom Mind and Life Institute, einer vom Neurobiologen Francisco Varela und dem Rechtsanwalt Adam Engle gegründeten Organisation, durchgeführt werden.

So könnte die Meditation im Westen jenes hohe Ansehen erlangen, das sie seit Jahrtausenden in der buddhistischen Kultur genießt. Säkularisiert und wissenschaftlich abgesegnet könnten diese Techniken als eine Art „mentales" Gegenstück zur Leibeserziehung in die Kindererziehung integriert werden und die Erwachsenen beim verantwortungsvollen Umgang mit Gefühlen unterstützen. Ausständig ist noch eine Langzeitanalyse der Entwicklung des Gehirns von Meditierenden. Kurz, eine Längsschnittstudie mit Hunderten von Probanden über mehrere Jahre hindurch. Einige Vorstudien weisen bereits darauf hin, dass man für die positiven Effekte der Meditation nicht unbedingt zu den extrem Meditierenden gehören muss: täglich zwanzig Minuten Meditation tragen wesentlich zum Abbau von Stress, Wut, Depressionsanfälligkeit und zur Stärkung des Immunsystems und des emotionalen Gleichgewichts bei. Dazu bemerkt der Dalai Lama: „Durch das Trainieren ihres Geistes können die Leute ruhiger, gelassener und altruistischer werden. Das ist mein wichtigstes Anliegen: Ich versuche nicht, den Buddhismus zu verbreiten, sondern vielmehr die Art, wie die buddhistische Tradition zum Wohl der Gesellschaft beitragen kann."

Insgesamt ist der Dalai Lama unbestritten zu einer der großen moralischen Persönlichkeiten unserer Epoche geworden. Seine Botschaft von Toleranz, Dialogbereitschaft, „aktiver Gewaltlosigkeit" und seine Anregung, durch mentales Training ein besserer Mensch zu werden, kann uns zu einer altruistischeren Gesellschaft verhelfen. Es liegt an jedem einzelnen von uns, diese Botschaft in die Tat umzusetzen. Wie schon Gandhi schrieb: „Wir müssen die Änderung sein, die wir in der Welt sehen wollen." Niemand anderer wird diesen Weg statt uns gehen, aber das Abenteuer lohnt die Mühen!

Matthieu Ricard

1. Und aus Lhamo Thondup wurde der 14. Dalai Lama

Eines kalten, finsteren Morgens richtet die Heilige Stadt den Blick hinauf zum Potala, dem Palast der Dalai Lamas, und sieht, dass die goldenen Dächer schwarz geworden sind. Lhasa legt Trauer an. Am Vortag, dem 17. Dezember 1933, war Thubten Gyatso, der Große Dreizehnte, verstorben, im Lotussitz sitzend, der Gebetshaltung seines Lebens. Einbalsamiert und mit Brokat bedeckt ruht sein Körper in einem Salzsarg mit dem Gesicht nach Süden gewandt, in Richtung Heiliges Land Indien. Eines Morgens entdecken die Mönche, dass sich der Kopf bewegt hat. Er schaut nun nach Nordosten, und ein sternförmiger Pilz ist auf einem Holzpfeiler im Nordosten der Sterbekapelle des Norbulingka, der Sommerresidenz der Dalai Lamas, gewachsen. Zwei Jahre später bricht Reting Rinpoche, vom Kashag, der tibetischen Regierung, ernannter Regent, mit einer Delegation hoher Würdenträger auf dem Rücken von Ponys in mehr als 5 000 Höhenmeter auf, um den heiligen, zu Beginn des 16. Jahrhunderts vom 2. Dalai Lama entdeckten See Lhamo Latso zu befragen. Sie verbringen eine Woche im Tempel von Chokhorgyal, um den Himmel anzurufen und jeder für sich an den Ufern des Sees zu meditieren. Bewegungslos und beinahe ohne zu atmen sitzen sie tief in ihre Meditation versunken am Rand des saphirblauen Wassers und ähneln Buddhastatuen aus Stein. Plötzlich sieht Reting Rinpoche, wie sich auf dem See mit einer erstaunlichen Genauigkeit drei Buchstaben des tibetischen Alphabets abzeichnen: A, Ka und Ma. Dann erkennt er die Spiegelung eines Klosters mit Gold- und Jadedächern, einen bescheidenen Bauernhof mit türkisen Dachziegeln und einem seltsamen Wasserspeier. Ein kleiner Junge spielt im Hof mit einem braun-weißen Hund. Er scheint auf etwas zu warten. Er hat traurige Augen, und er lacht. Die Vorhersagen des Regenten werden versiegelt und mit Sondereskorte nach Lhasa geschickt. Wenig später fällt im Kloster Drepung das Staatsorakel Nechung, ohne das keine offizielle Entscheidung getroffen wird, in Trance. Unter dem 40 Kilogramm schweren Mantel und 25 Kilogramm schweren Hut beginnen sich Körper, Glieder und Gesicht zu verzerren und aufzublähen. Seine Stimme verändert sich, sie ist keine menschliche Stimme mehr. Mit einem schweren Schwert durchschneidet das Orakel den Himmel. Im Rauch der glimmenden Weihrauchspiralen und im zitternden Schein der Butterlampen sieht es wie die zornigen Gottheiten auf den Thangkas und den Fresken an den Tempelwänden aus. Dieses verrenkte Wesen mit seiner übermenschlichen Kraft hat nichts mehr mit dem liebenswürdigen, friedlichen Lama zu tun, den jeder kennt, liebt und respektiert. Nechung, die Schutzgottheit von Tibet, hat von seinem Geist Besitz genommen. Der Regent fragt: „Sag uns, wo sich der 14. Gyalwa Rinpoche befindet." Das Orakel zeigt mit seinem Schwert nach Nordosten, bleibt gut drei Minuten lang mit ausgestreckter Hand vollkommen steif stehen und fällt dann in Ohnmacht.

Der Bericht über die Visionen und Vorhersagen wird dem Kashag vorgelegt, der drei Suchtrupps aussendet: den ersten in Richtung Dagpo und Kongpo nach Südosten, den zweiten nach Kham und Jang im Osten und den dritten nach Amdo und Arig im Nordosten. Als der dritte im September 1936 Lhasa verlässt, beginnt es zu schneien, was sonst zu dieser Jahreszeit nie passiert. Dann schmilzt der Schnee in wenigen Augenblicken unter den Strahlen einer purpurnen Sonne wieder weg. Tibet ist ein Land, in dem sich die Wetteränderungen dem menschlichen Verstand

Die Mönche des Klosters Sera.

entziehen. Das Unternehmen findet unter absoluter Geheimhaltung statt, um zu verhindern, dass jemand in Versuchung gerät, die Orakel zu kaufen oder die Vorhersagen zu manipulieren.

Eines Sommerabends kehrt eine Frau mit sanften Gesichtszügen und starker Ausstrahlung von den Feldern zurück, auf denen sie tagsüber ihr Gemüse angebaut und Mantras rezitiert hat. In ihrem bescheidenen Haus mit dem türkisen Ziegeldach schürt sie das Feuer wieder an. Sie dankt den Buddhas für das Kind, das in ihr wächst, und bittet sie um Heilung ihres Mannes, der an jenem Tag, an dem sie ihm von ihrer Schwangerschaft erzählt hat, krank geworden ist. Diesen derben Burschen mit seinen berühmten und gefürchteten Wutausbrüchen, der dafür mit Pferden umgehen kann wie kein Zweiter, fesseln seither Fieber und Schmerzen an das Lager, und keiner der Amchi (Ärzte) kann ihm helfen. Sie wissen nicht einmal, woher die Krankheit kommt. Seit bald vier Jahren wird das Dorf Taktser von einer Katastrophe nach der anderen heimgesucht. Hagel zerstört den reifen Weizen und Trockenheit die junge Gerste. Die Tiere sterben ohne Grund und die Hühner legen zuerst leere und dann überhaupt keine Eier mehr.

Am Morgen des 6. Juli 1935 wird die Frau am fünften Tag des fünften Monats im tibetischen Holz-Schwein-Jahr im Stall von einem kleinen Jungen entbunden, der mit offenen Augen geboren wird. Es ist ein seltsames Baby. Es hat große Ohren, an ihren Enden nach oben gezogene Augenbrauen und Tigerstreifen an den Beinen. Es weint kaum und betrachtet die neue Welt mit einem etwas traurigen, aber wachen und durchdringenden Blick. In dem Augenblick, in dem sie ihr fünftes Kind zur Welt bringt, steht ihr Mann, auf wunderbare Weise geheilt, auf und er versteht nicht, welch geheimnisvolle Krankheit ihn neun Monate lang niedergestreckt hatte. „Gut, er soll Mönch werden", sagt er.

Nach einem 1 500 Kilometer langen Ritt erreichen die vierzig Mitglieder der letzten, von Ke-Tsang Rinpoche, dem Abt des Klosters Sera, angeführten Delegation die unter der weltlichen Macht Chinas stehende Provinz Amdo im Nordosten Tibets. Sie beschließen, ihr Suchzentrum in Kumbum zu errichten, wo sie bald das im heiligen See von Lhamo Latso erschienene Kloster mit den Dächern aus Gold und Jade wiedererkennen. Der Abt von Kumbum erzählt ihnen von drei oder vier kleinen Jungen mit außergewöhnlichen Fähigkeiten in der Gegend.

Lhamo Thondup, das Baby, das mit offenen Augen zur Welt kam, ist nun über zwei Jahre alt, und seine Mutter wundert sich manchmal über den komischen kleinen Kerl, den sie da geboren hat. Wenn sie zur Feldarbeit ging, legte sie ihn unter einem Sonnenschirm in einen Peddigrohrkorb in der Hoffnung, dass er schlafen würde. Aber er schlief nicht. Er schaute sich mit einem unglaublich intensiven Blick um, und es schien, als würde er die Lebewesen und Dinge, vor allem die Vögel und Yaks, sehr lustig finden. Drei Tage nach seiner Geburt ließen sich drei Raben auf dem Wasserspeier des Hauses nieder. Sie krächzten eine Zeitlang herum und flogen wieder davon. Am nächsten Tag kamen sie wieder, und so ging es jeden Morgen. Seine Mutter war etwas verwundert, weil es in dieser Gegend eigentlich keine Raben gab, aber sie suchte nicht nach einer Erklärung. Es gibt so viele Geheimnisse in Tibet. Sobald das Kind zu reden begann, erfand es bizarre Geschichten. Es sagte, dass es vom Himmel käme und in Lhasa einen Palast mit tausend Zimmern und goldenen Dächern besäße. Die Mutter hielt ihren Sohn für ein bisschen verrückt.

Im Dezember 1937 beziehen Ke-Tsang Rinpoche, ein Vertreter der Regierung und zwei Diener im Kloster von Karma Shartsong Quartier, in dem der 13. Dalai Lama bei der Rückkehr aus seinem fünfeinhalbjährigen Exil in China und der Mongolei 1909 gewohnt hatte. Bei seiner Abreise hatte der Große Dreizehnte seine Stiefel zurückgelassen, so als würde er eines Tages wiederkommen. Auf dem Rückweg hatte er im kleinen Dorf Taktser angehalten, lange einen Bauernhof mit einem türkisfarbenen Ziegeldach und einem seltsamen Wasserspeier betrachtet und gesagt, dass er ihn hübsch fände.

In Taktser angekommen erkennt Ke-Tsang Rinpoche das Haus, das Reting Rinpoche im heiligen See erschienen ist, und versteht sofort die Bedeutung der drei tibetischen Buchstaben: A für Amdo, Ka für das Kloster Kumbum und Ma für jenes von Karma Shartsong. Um keinen Verdacht zu erregen, verkleidet sich der Abt von Sera als Diener und sein Diener wird, eingehüllt in einen Brokatmantel, wie ein Prinz empfangen. Ke-Tsang Rinpoche wird in die Küche geführt, dort spielt ein kleiner Junge mit einem braun-weißen Hund. Der Junge klettert sofort auf seinen Schoß und zieht an der Gebetskette, die der Abt am Handgelenk trägt.

„Die Gebetskette gehört mir, gib sie mir!" sagt das Kind.
„Ich gebe sie dir, wenn du mir sagst, wer ich bin."
„Sera Aga (du bist der Abt des Klosters Sera)."

Äußerst erstaunlich ist dabei nicht nur, dass das Kind mit zwei Jahren spricht, sondern dass es sich perfekt im Dialekt von Lhasa ausdrückt, der in dieser abgelegenen Gegend der Provinz Amdo völlig unbekannt ist. Am nächsten Morgen, als die Gruppe unauffällig das Haus verlassen will, springt Lhamo Thondup aus seinem Bett. „Nehmt mich mit!" ruft er. „Ich will mit euch gehen."

Ke-Tsang Rinpoche kehrt nach einiger Zeit zurück und zeigt ihm zwei Gebetsketten, zwei Wanderstöcke, zwei Trommeln, zwei Brillen, zwei Druckbleistifte und zwei Trinkschalen. Von jedem dieser Gegenstände, die dem 13. Dalai Lama gehört hatten, hatte der Abt exakt gleich aussehende Repliken anfertigen lassen, außer von den Wanderstöcken, die beide Thupten Gyatso besessen hatte. Lhamo Thondup wählt die echten Gegenstände, zögert hingegen bei den Wanderstöcken. Er nimmt einen, schaut ihn genau an, ändert dann seine Meinung und stellt stolz den anderen vor sich hin. Ke-Tsang Rinpoche erinnert sich, dass der 13. Dalai Lama den ersten Wanderstock zunächst eine Zeitlang selbst verwendet und ihn dann einem Freund geschenkt

Die Mutter des Dalai Lama im Potala nach der Inthronisation ihres Sohnes.

hatte. Nur die falsche Trommel ist keine perfekte Kopie. Sie ist sehr bunt und in den Augen eines Kindes viel interessanter. Aber Lhamo Thondup greift nach der weniger schönen und schlägt sie nach einem Tantra-Ritual, das nur sehr große Lamas kennen. Die acht Unterscheidungsmerkmale auf seinem Körper wie die Streifen auf den Beinen und die Muschel in seiner Hand beweisen endgültig, dass der kleine Junge aus Taktser wirklich die Reinkarnation von Avalokiteshvara, dem Buddha des Grenzlosen Mitleids, ist.

Als Vorsichtsmaßnahme hat die Delegation mehrere Kinder ausgesucht. Obwohl die Wahl getroffen ist, hält Ke-Tsang Rinpoche sie geheim aus Angst, dass Ma Pu-feng, Warlord und Provinzgouverneur, die Gelegenheit nützen könnte, um irgendeine Befehlsgewalt über Tibet einzufordern. Ma Pu-feng ruft die potenziellen Kandidaten zusammen und unterzieht sie seiner eigenen Prüfung, aus der Lhamo Thondup als offensichtlicher 14. Dalai Lama hervorgeht. Da er ihn jedoch nur gegen ein exorbitantes Lösegeld nach Lhasa ziehen lassen will, schickt Ma Pu-feng das Kind in das Kloster von Kumbum, wo schon zwei seiner Brüder studieren, um in Ruhe seine Forderungen für die Verhandlung festlegen zu können.

Das Klosterleben ist ziemlich langweilig und Lhamo Thondup stellt einen Unfug nach dem anderen an. Sein Onkel, ein jähzorniger Riese mit einem mit Yakbutter geglätteten Bart, vor dem er sich schrecklich fürchtet, versetz ihm hin und wieder Ohrfeigen. Sobald sich der aufbrausende Onkel dann bewusst wird, dass er es gewagt hat, gegen die wahrscheinliche Reinkarnation des Buddha die Hand zu erheben, stopft er ihn mit Bonbons voll.

Heute hat Tenzin Gyatso vergessen, dass er sich als Kind an seine früheren Leben erinnerte. „Außer in einer meditativen Anstrengung, in der ich das Leben Atemzug für

Der Dalai Lama bei einer dialektischen Debatte vor bedeutenden Lamas im Kloster Sera.

Atemzug zurückverfolge, kann ich keine definitive Aussage über die Tatsache machen, ob ich die Reinkarnation des Buddha des Grenzenlosen Mitleids bin oder nicht. Wir glauben, dass es vier Arten von Wiedergeburt gibt. Die erste, die geläufigste, ist die eines Wesens, das unfähig ist, über seine Wiedergeburt zu entscheiden. Es inkarniert sich allein nach Maßgabe seines Karmas, seiner vergangenen Handlungen. Auf der anderen Seite steht jene eines vollkommen erleuchteten Buddhas, der sich nur in einem Körper manifestiert, um den Anderen zu helfen. In diesem Fall ist es klar, dass die Person ein Buddha ist. In die dritte Kategorie fällt jenes Wesen, das dank seiner früheren spirituellen Leistungen in der Lage ist, Ort und Umstände seiner Wiedergeburt zu wählen oder zumindest zu beeinflussen. Der vierte Typ wird die gesegnete Manifestation genannt. In diesem Fall steht die Person unter einem Einfluss, sie bekommt eine Macht übertragen, durch die sie, über ihre normalen Fähigkeiten hinaus, in der Lage ist, wohltätige Aufgaben zu erfüllen, so wie die religiöse Unterweisung. Auch wenn einige dieser Wiedergeburten wahrscheinlicher sind als andere, kann ich nicht sagen, welche auf mich zutrifft."

Im Juni 1939 konnte die Delegation Ma Pu-feng schließlich auszahlen. Die Reise nach Lhasa dauerte drei Monate und dreizehn Tage. Lhamo Thondups Eltern glaubten, dass ihr Sohn wohl eine wichtige Reinkarnation sein müsse, aber sie dachten nicht einen Augenblick daran, dass er der Dalai Lama sei. Dessen wurden sie sich am 6. Oktober bewusst, als sie ihn auf einem Thron unter einem Seidenbaldachin sitzen sahen, wie er in der Mitte eines riesigen Lagers drei Kilometer von der Heiligen Stadt entfernt 70 000 Gläubige, die sich vor ihm niederwarfen, mit einer gelben Quaste segnete. Einige Zeit später bezog das Kind die Wohnräume seines Vorgängers im Potala-Palast. Es zeigte auf eine Schachtel und sagte: „Da drinnen sind meine Zähne." Man öffnete die Schachtel und fand darin das Gebiss des Großen Dreizehnten.

Dann erinnerte sich seine Mutter an das Rabenpärchen, das sich jeden Morgen auf dem Dach ihres Hauses niedergelassen hatte. Bei der Geburt des 1., des 7., des 8. und des 12. Dalai Lama war ein ähnliches Phänomen aufgetreten. Die Gottheit Mahakala, Symbol für die kosmische Zeit und die transzendente Weisheit, wird oft in der bescheidenen Form eines Raben dargestellt. Und obwohl auch noch heute Mahakala eine der wichtigsten Gottheiten für den Dalai Lama ist, mag er Raben nicht besonders. Er findet sie zu grausam gegenüber den kleinen Vögeln.

Er ist keine fünf Jahre alt. Und doch gehört der gelassene Blick, den er am Tag seiner Inthronisation unter dem Gold der zentralen Kapelle des Potala auf seinem Publikum aus ehrfürchtigen Lamas und Ministern ruhen lässt, gehört die angeborene Sicherheit, mit der er die tausendjährigen Gesten des Rituals ausführt, einem Wesen, das die Geheimnisse der Welt durchschaut hat. Aus Lhamo Thondup ist Tenzin Gyatso geworden, der 14. Dalai Lama, Gottkönig, dem niemand direkt in die Augen blicken darf. Er erhält eine ganze Reihe Titel, von denen einer poetischer ist als der andere: Ozean der Weisheit, Herr des weißen Lotus, Alle Wünsche erfüllendes Juwel, Siegreiches Kleinod, Unvergleichlicher Meister. Die Tibeter nennen ihn hingegen schlicht Kundun, „die Anwesenheit".

Von nun an lebt Kundun in diesem düsteren, eiskalten Palast unter Mönchen, die zwölf Mal so alt sind wie er selbst. Seine Eltern wurden geadelt, aber leben nicht mehr bei ihm. Er sieht sie alle vier oder sechs Wochen. Zwei Yongzin (Tutoren) werden mit seiner Erziehung betraut. Diese ehrwürdigen Rinpoche haben kein Alter mehr und kennen sich seit Jahrhunderten. Sie sind durch drei frühere Existenzen miteinander verbunden, denn in ihren vorigen

Leben haben sie gemeinsam drei kleine Dalai Lamas erzogen. Kundun lernt Lesen, die vier Formen der tibetischen Schrift und die heiligen Texte, die er auswendig rezitieren muss. Da er eher faul ist, versucht er meistens, sich zur Rezitationsstunde zu verdrücken und die strengen Yongzin verbringen ihre Zeit damit, ihm im Labyrinth der Gänge, in denen man sich leichter verirrt als in einem arabischen Bazar, nachzulaufen. „Trotz allem meinten meine Tutoren, dass mein Gehirn gut funktionieren und ich schnell lernen würde." In der Tat waren sie von seiner Intelligenz und seinen schnellen Fortschritten fasziniert, und sie sollten nie erfahren, dass er mit sieben Jahren vor Lampenfieber fast in Ohnmacht gefallen wäre, als er ein Gebet mit 20 000 Mönchen leitete. Im Winter macht er nur mit seinen Yongzin zusammen einen Monat lang ein spirituelles Retreat in einem trostlosen Raum, der von vier Jahrhunderten Butterlampen verrußt ist wie eine uralte Küche. Am Morgen geht es noch: Durch die nach Norden gerichteten Fenster dringt ein bisschen Wärme und Licht herein. Aber in der Dämmerung zeichnet der Schatten der Hügel gespenstische Wesen an die Wände, und der Raum ähnelt einer Spukgrotte.

Von den Palastbediensteten des Potala abgesehen, hat Kundun niemanden zum Spielen. Er träumt davon auf das Dach zu klettern, um die Bauern beim Heimkommen von den Viehweiden, die Eisläufer beim „Gehen auf Messern" auf dem zugefrorenen See und die gleichaltrigen Kinder zu sehen, von denen er nur das Lachen hört.

Nachdem er mit dem Studium der Grammatik, des Sanskrit und der Poesie begonnen hat, nimmt er mit zwölf Jahren die Dialektik und die elementare Logik in Angriff. Er muss so schwierige Texte wie das Prajnaparamita-Sutra (transzendente Weisheit) auswendig lernen und darüber mit gelehrten Mönchen diskutieren. Ab dreizehn Jahren beschäftigt er sich mit der Metaphysik und der Philosophie. In den ersten Tagen versteht er gar nichts und findet diese Themen sogar völlig langweilig. Wie erschlagen sitzt er vor seinen offenen Büchern und ist überzeugt, dass er nie auch nur irgendetwas verstehen wird. Allmählich findet er Gefallen an der Sache, die ihn zu faszinieren beginnt, und bald schon geht sein Wissen über die Pflichtfächer hinaus. Dabei zählen die buddhistischen Studien, so wie sie in Tibet gelehrt werden, bei denen unter anderem die einhundertacht Bände des Kandschur und die zweihundertfünfzig Sammlungen des Tandschur (die fundamentalen Texte des Buddhismus) genau gelesen werden, zu den komplexesten der Welt. Mit vierzehn Jahren nimmt er, offiziell in Sera und Drepung aufgenommen, beides Klöster in der Größe einer Stadt und mit bis zu 10 000 Mönchen, vor den gelehrtesten Lamas des Landes an dialektischen Debatten teil. Der österreichische Bergsteiger Heinrich Harrer, der praktisch einzige westliche Bewohner von Lhasa, besucht die Debatten. „Von der Intelligenz dieses Knaben jedoch erzählte man sich jetzt schon wahre Wunder", schreibt Harrer in *Sieben Jahre in Tibet*. „Es hieß, dass er ein Buch nur einmal zu lesen brauche, um es auswendig zu wissen. Schon früh interessierte er sich für alle Angelegenheiten des Staates. Ich war von allem, was ich gesehen und gehört hatte, tief beeindruckt und bewunderte vor allem die Selbstsicherheit dieses göttlichen Knaben, der doch aus ganz einfachen Verhältnissen kam. Beinahe könnte man wirklich an die Möglichkeit einer Wiedergeburt glauben …"

Kundun bittet seinen Bruder Lobsang Samten, der bei seinen Eltern lebt, ihm den Klatsch von Lhasa zu erzählen. Lobsang beschreibt ihm die prächtigen Märkte, auf denen alles verkauft wird, vom irländischen Whisky, dem amerikanischen Corned beef bis zu den Pariser Schönheitscremen, denn es gibt in der Stadt kein Produkt, das man nicht kaufen oder im Ausland bestellen könnte. Er erzählt ihm von den Frauen mit ihren Gebilden aus Perlen, Korallen und Türkisen auf dem Kopf, von den alten Mah-Jongg-Spielern und von den leidenschaftlichen Tennismatches unter den jungen Leuten. Lobsang Samten stellt ihm auch Heinrich Harrer vor, der ihm im Potala einen Vorführraum bauen lässt.

„Henrig, du hast ja Haare wie ein Affe!", sagt er, als er seinen späteren Lehrer für die profanen Wissenschaften zum ersten Mal trifft.

Kundun weiß nichts über den Westen und ist begierig, alles zu lernen, Englisch, Weltpolitik, Nuklearphysik, Düsenflugzeuge, Heinrich IV., Churchill und Eisenhower. Mechanik bringt er sich mit einem Kinderbaukasten bei, und wie ein Magnetfeld funktioniert, untersucht er, indem er den Stromgenerator des Norbulingka, des Sommerpalastes, in den er alljährlich im Frühling übersiedelt, abmontiert. Seinem Vorgänger hatte man 1927 einen Austin und 1931 einen Dodge geschenkt, die er zum Fahren bringt und mit voller Geschwindigkeit durch die Gärten lenkt. Kundun zähmt einen Moschushirsch und zieht Pfaue auf. Er füttert Fische in einem Becken, aus dem ihn seine Tutoren zweimal am Rockzipfel wieder herausgezogen haben. Die Fische heben den Kopf aus dem Wasser, wenn sie seine Schritte hören, und der Dalai Lama fragt sich noch immer, ob sie beim Stiefellärm der ersten chinesischen Soldaten wohl nicht so unvorsichtig waren und an die Oberfläche geschwommen sind.

Gefangene in Lhasa vor ihrer Befreiung durch den Dalai Lama, um 1950.

Thubten Gyatso, der 13. Dalai Lama, bei einer Zeremonie zwischen zwei Schülern sitzend.
Linke Seite: *Thubten Gyatso, der 13. Dalai Lama.*

Natürlich habe ich den 13. Dalai Lama nicht gekannt! Aber von den Palastbediensteten des Potala, mit denen ich mich gerne unterhielt, habe ich viel über ihn erfahren. Und so wurde mir klar, dass Tibet unter seiner Herrschaft eine lange Zeit des Friedens und des Wohlstands erlebt hatte.

Da ich mit vier Jahren aus meinem Dorf weggezogen bin, habe ich eigentlich keine Erinnerungen an diese Zeit, außer jenen, die mir jemand aus meiner Familie erzählt hat.
Laut meiner Schwester Tsering Dolma habe ich mich vor den wenigen Fremden, die durch unser Dorf kamen, nie gefürchtet, im Gegenteil, ich suchte ihre Gesellschaft.

Über meine Herkunft aus einer bescheidenen Bauernfamilie war ich immer froh. Ich denke, dass ich, in ein reiches oder adeliges Milieu hineingeboren, nicht imstande gewesen wäre, die Empfindsamkeit und Gefühle der kleinen Leute zu beurteilen. Aber dank meiner niederen Geburt kann ich sie verstehen und in ihrer Seele lesen. Deshalb fühle ich so mit ihnen.

Oben: *Das Kloster Kumbum. Im Osten Tibets gelegen, ist es das nächste Kloster zum Geburtsort des Dalai Lama, 1955.*
Rechts: *Die Eltern des 14. Dalai Lama vor ihrem Haus in Taktser, vor dem Sommer 1939.*
Linke Seite: *Tenzin Gyatso als Kind, bevor er 1940 der 14. Dalai Lama wurde.*

Nachdem ich als Reinkarnation des 13. Dalai Lama erkannt worden war, wurde ich in das Kloster Kumbum gebracht, wo ich einige Zeit bis zu meiner Abreise in die Hauptstadt bleiben sollte. Das war eine einsame und ziemlich unglückliche Phase meiner Kindheit. Man hat mir erzählt, dass ich mehrmals dabei überrascht worden war, wie ich meine Sachen packte und meine Abreise nach Lhasa spielte.

Rechts: *Porträt des 14. Dalai Lama im Alter von vier Jahren in Amdo.*
Unten: *Der 14. Dalai Lama vor seiner Abreise nach Lhasa mit den Mitgliedern der offiziellen Delegation, 1939.*
Linke Seite: *Der heilige See Lhamo Latso, an dem Reting Rinpoche, mit der Suche nach dem 14. Dalai Lama beauftragt, jene Visionen hatte, die ihn zu Tenzin Gyatso führten.*

Im Sommer 1939 brachen wir in Richtung Hauptstadt auf. Es war eine lange und beschwerliche Reise, die drei Monate und dreizehn Tage dauern sollte. Ich erinnere mich, dass sich uns im Laufe der Reise eine immer größer werdende Menschenmenge anschloss. Von meiner Sänfte aus sah ich mit meinen vier Jahren, wie die Leute Freudentränen vergossen. Ich fühlte mich wie in einem Traum: in einem großen Park mit einem Teppich aus wunderbaren, sich in der leichten Brise wiegenden Blumen tanzten Pfaue vor meinen Augen. Es lag ein unvergesslicher Duft nach wilden Blumen in der Luft und ein Gesang der Freiheit erfüllte den Raum.

Links oben und in der Mitte: *Eine lange Prozession begleitet den Dalai Lama in die Hauptstadt. Der Dalai Lama sitzt in einer ständig von einem Sonnenschirm aus Straußenfedern beschatteten Sänfte.*
Links unten: *Der erhöhte Thron des Dalai Lama in seinem Zelt in Doguthang.*
Oben: *Der Dalai Lama in den Armen eines Mönchs bei seiner Abreise aus dem Kloster Kumbum.*
Linke Seite: *Abreise der Karawane, die den jungen Dalai Lama von Kumbum nach Lhasa begleitet.*

Reting Rinpoche, der Regent bis zu meiner Volljährigkeit, sorgte auch für meine Erziehung. Er hatte dauernd eine verstopfte Nase. Aber von diesem Merkmal abgesehen war er ein intelligenter und begabter Mann von einer außergewöhnlichen inneren Gelassenheit. Er war ein liebenswürdiger Mensch und auch wenn er mir am Anfang ein bisschen Angst machte, habe ich rasch eine große Zuneigung für ihn empfunden.

Oben: *Porträt des Regenten Tagdra Ngawang Sungrab Rinpoche, 1950.*
Unten: *Tenzin Gyatso, der 14. Dalai Lama, als Kind.*
Rechte Seite: *Der Regent Reting Rinpoche mit seinen Hunden in seinem Garten.*
Folgende Doppelseite: *Der Potala-Palast, vor 1950.*

Es war mein Bruder Lobsang Samten, der mir Heinrich Harrer vorstellte. Bald darauf wurde er mein Lehrer in den profanen Wissenschaften. Er half mir in Englisch und dafür machte ich ihm den Buddhismus verständlich. Mit seiner Hilfe gelang es mir auch, einen alten Filmprojektor vom 13. Dalai Lama wieder in Gang zu bringen. Harrer war für mich sehr wichtig. Ich gab ihm den Spitznamen „Gelbkopf".

Oben: *Harrer (links) mit Peter Aufschnaiter und tibetischen Ministern.*
Unten: *Die Familie des 14. Dalai Lama in Lhasa, 1940. In der Mitte sein Vater, seine Mutter, seine Brüder und Schwestern.*
Rechte Seite oben: *Der Dalai Lama liegt in seinem Bett und schreibt.*
Rechte Seite unten: *Der prächtig dekorierte Meditationsraum des Dalai Lama im letzten Stockwerk des Potala-Palastes.*

Angeblich ist der Potala eines der größten Gebäude der Welt. Selbst wenn man jahrelang dort gewohnt hat, war es unmöglich alle Winkel zu kennen.

Meine Wohnräume im Ostflügel lagen 120 Meter über der Stadt. Es gab dort vier Zimmer, jenes, das ich am meisten verwendete, hatte mindestens 160 Quadratmeter. Seine Mauern waren zur Gänze mit so detaillierten Malereien über das Leben des 5. Dalai Lama geschmückt, dass keines der winzigen Porträts größer als drei Zentimeter war. Wenn ich des Lesens überdrüssig war, sah ich mir dieses große Fresko rund um mich an und verfolgte die Geschichte, die es erzählte.

Man hat Tibet als das religiöseste Land der Welt bezeichnet. Ich kann nicht beurteilen, ob das richtig ist oder nicht, aber eines ist sicher: Jeder Tibeter misst dem spirituellen Leben die gleiche Bedeutung bei wie dem materiellen.

Oben: *Foto des Kumbum-Tschörten in Gyangtse.*
Unten: *Vier Gelugpa-Mönche blasen Zeremonienhörner auf dem Dach des Kundeling-Klosters.*
Rechte Seite: *Blick auf eine religiöse Zeremonie im tibetischen Kloster Tashi Lhunpo in Shigatse, um 1950.*

Für viele Tibeter war das Leben hart, aber sie wurden nicht vom Neid beherrscht; vielleicht, weil trotz des einfachen, entbehrungsreichen Lebens in unseren Bergen die Geisteshaltung gelassener war als in den meisten Städten der Welt. Neid führt zu Unzufriedenheit; das Glück entspringt einem friedvollen Geist.

Oben: *Ein Verkaufsstand in Lhasa, vor 1950.*
In der Mitte: *Ein traditioneller Arzt vor dem Dekyi Lingka-Krankenhaus, vor 1950.*
Unten: *Eine Schule in Lhasa, vor 1950.*
Rechte Seite: *Zwei Frauen mit traditioneller Frisur, bei der zwei Zöpfe mit einem Bogen verbunden sind, vor 1950.*

32

Jedes Jahr verließ ich den Potala mit meinen Erziehern, Gehilfen und einigen Beamten in einer Prozession, die alle Bewohner von Lhasa anzog, um sechs Monate in der Sommerresidenz der Dalai Lamas, im Norbulingka, zu verbringen, dem „Juwelengarten". Dabei handelte es sich nämlich um eine Reihe kleiner Paläste und Kapellen inmitten wunderbarer Gärten innerhalb einer großen Mauer.
Zwischen den Unterrichtsstunden konnte ich dort zwischen den Blumen und Bäumen, den Pfauen und einem gezähmten Moschushirsch herumtoben und spielen. Für mich war der Norbulingka immer mein richtiges Zuhause.

Der Dalai Lama in den Gärten von Norbulingka.
Unten: *Dekyi Tsering, die Mutter des Dalai Lama, und ihre Töchter in Brokatkleidern.*
Linke Seite oben: *Der Norbulingka-Palast, vor 1950.*
Linke Seite unten: *Eines der Zimmer im Norbulingka-Palast.*

Seit Jahrhunderten will es die Tradition, dass die Dalai Lamas und ihre Regierungen bei den Neujahrsfeiern oder anderen Gelegenheiten das Nechung-Orakel befragen. Ich für meinen Teil befrage das Orakel mehrere Male pro Jahr. Das erscheint in den Augen des Westens irrational, und sogar manche Tibeter werfen mir vor, diese von ihnen als veraltet erachtete Methode noch immer zu verwenden.

Für mich war das Nechung-Orakel immer ein guter Ratgeber. Das will nicht heißen, dass ich nur auf das Orakel höre. Ich lege Wert auf seine Meinung genauso wie ich auf meine Minister oder auf mein eigenes Gewissen höre, und wie jeder andere Regierungschef auch befrage ich ganz viele Leute, bevor ich eine wichtige Entscheidung in Zusammenhang mit der Staatsführung treffe.

Oben links: *Das Nechung-Orakel in Trance.*
Oben rechts: *Das Orakel von Darpoling im Zeremonienkostüm mit einem rituellen Dolch in der Hand.*
Rechts: *Mönche tragen bei einer Zeremonie einen Torma (bildliche Darstellung der bösen Geister), der als Exorzismus im Hof des Potala verbrannt wird.*
Linke Seite: *Das Orakel von Darpoling im Zeremonienkostüm steigt beim Weltfriedensfest, das am fünfzehnten Tag des fünften tibetischen Monats stattfindet, die Stufen des Tempels herab.*

Wir hatten eine Truppe, auch wenn sie sehr klein war. Bis 1949 wurden dort die Befehle auf Englisch gegeben, weil es in unserer Sprache keine militärischen Ausdrücke gab.
Brutal mit dem Leben der Menschen zu spielen und dabei an die Macht der Waffen zu glauben kann weder den menschlichen Geist unterwerfen, noch Verständnis und Harmonie unter den Menschen erzeugen.

Kommandomitglieder der tibetischen Armee, vor 1940.
Linke Seite oben: *Ein Soldat bewacht das Tor des Potala, kurz bevor der Dalai Lama am 30. Oktober 1950 die Hauptstadt verlässt.*
Linke Seite unten: *Tibetische Soldaten, gegen Ende der 1940er Jahre.*

2. Von der chinesischen Invasion bis zur Flucht nach Indien

Lhasa, dem Himmel so nahe, dass man die Sterne herunterholen könnte, diese andere Welt, in der das Gebet die wichtigste Beschäftigung ist: 1949 erlebt die Heilige Stadt glückliche, warme Sommertage. Plötzlich, an einem klaren, blauen Morgen, beginnt Regenwasser aus den unerreichbaren Wasserspeiern der Hauptkathedrale zu rinnen. Am nächsten Tag bricht eine solide Steinsäule zum Gedenken an die Eroberung Chinas durch Tibet in tausend Stücke, ohne ersichtlichen Grund. In der Nacht zuvor hatte ein Komet das Land überquert. Bei der chinesischen Invasion 1910 war das gleiche Phänomen aufgetreten. Die Tibeter sehen darin ein Zeichen für Krieg.

Trotz der Wechselfälle der Geschichte unterhält Tibet, das sich bewusst abschottet, zu seinem großen Nachbarn China eine respektvolle Beziehung und sieht mit Sorge die seit der Revolution von 1911 über dem Land schwebende Bedrohung. Kundun ist noch nicht achtzehn und somit vom Gesetz her nicht alt genug für die weltliche Macht. Die gegnerischen Clans profitieren davon, um ihre Macht zu behaupten. Ein gescheiterter Staatsstreich bringt den Regenten in das Gefängnis, wo er unter mysteriösen Umständen stirbt, mit sieben blauen Flecken auf dem Hinterteil als einzigem ungewöhnlichen Symptom. Die tibetische Regierung erweist sich als vollkommen instabil, und fünfzehn Jahre lang nützt eine Mission der Kuomintang, der chinesischen Nationalen Volkspartei, diese Lage für subversive Aktionen, bis sie schließlich selbst aus China vertrieben wird.

Drei Monate nach der Gründung der neuen Volksrepublik China verkündet Peking seine Absicht, Taiwan, Hainan und insbesondere Tibet, das „in die Hände der ausländischen Imperialisten gefallen ist", zu „befreien". Lhasa bittet die Vereinigten Staaten, Großbritannien, Nepal und vor allem Indien, das einzige Land, mit dem es offizielle Beziehungen unterhält, um Hilfe. Aber alle lehnen ab.

Frühmorgens am 15. August 1950, als Kundun gerade sein von der Mutter für ihn zubereitetes Joghurt und Brot zu sich nimmt, erschüttert ein Erdbeben Chamdo in der fast menschenleeren Gegend der Provinz Amdo im Grenzland zu China. Vierzig Detonationen tauchen den Himmel in blutrotes Licht und ein bitterer Schwefelgeruch breitet sich aus. Ganze Berge und Täler verschieben sich und verschlingen hunderte Dörfer, der Fluss Tsangpo, der Oberlauf des Brahmaputra, verändert sogar seinen Lauf. Diese Vorzeichen lassen keinen Zweifel: Es ist Krieg. Die Chinesen haben bereits Amdo besetzt, wo sie, vom Wind der Sicht beraubt und vom Schnee gepeitscht, in dieser unwirtlichen, straßenlosen Gegend mit ihren unüberwindbar scheinenden Bergen nur langsam vorwärts kommen. Keine Armee der Welt hätte Tibet erobern können, aber die Unbekümmertheit seines friedfertigen, auf Kämpfe kaum vorbereiteten Volkes und die instabile Zentralregierung sind genug Anreiz für eine chinesische Invasion. Und was die tibetische Armee betrifft: Vom britischen Modell inspiriert kann sie zwar mit einem unglaublichen Akzent *God Save the Queen* und *It's a Long Way to Tipperary* singen, aber sie besteht nur aus 8 500 Offizieren und Soldaten, ausgestattet mit Vorderladergewehren, 250 Granatwerfern und 200 Maschinengewehren. Die kleinen Ortschaften fallen eine nach der anderen, und am 25. Oktober verkündet die Volksrepublik zum ersten Mal, dass ihre Truppen nach Tibet gekommen sind, um das Land aus der „imperialistischen Unterdrückung" zu befreien.

Ankunft der offiziellen chinesischen Delegation in Lhasa am 12. April 1956.

Indien laboriert noch an seiner Unabhängigkeit. Nehru, dem der Koreakrieg mehr Sorgen bereitet, protestiert halbherzig. Und wird auch umgehend von Peking zurechtgewiesen: „Die Tibet-Frage ist ausschließlich eine innerchinesische Angelegenheit, und es wird keine ausländische Einmischung geduldet." Der Tenor Chinas hat sich seitdem nicht geändert. Alarmiert lehnen es die Vereinten Nationen ab, sich Tibets und dessen unklarem Status anzunehmen: Russland und England hatten nämlich 1907 bei dem Bemühen, ihre jeweilige „Interessenssphäre" auf dem asiatischen Kontinent zu behaupten, einen Vertrag unterzeichnet, in dem sie die Suzeränität Chinas über Tibet anerkannten. „Suzeränität ist ein alter und vager Begriff", sagt der Dalai Lama. „Vielleicht ist es der für den Westen passendste Begriff, um die gegenseitigen spirituellen Beziehungen zwischen den Dalai Lamas und den mandschurischen Kaisern zu definieren, aber hier ist er völlig unangemessen."

Am 23. April 1951 unterzeichnet eine Delegation der tibetischen Regierung, die in Peking zu verhandeln versucht, unter Druck einen Siebzehn-Punkte-Vertrag, in dem sie Tibet als Teil Chinas anerkennt. Nach der Tradition des Reichs der Mitte erlangt ein Dokument erst Gültigkeit, wenn es mit einem Siegel offiziell bestätigt wird. Sobald ihnen die Delegation den Rücken gekehrt hat, bestätigen die Chinesen das Dokument mit gefälschten tibetischen Siegeln.

Peking schickt daraufhin einen Emissär, und mit hinterlistigen Methoden nimmt die Besatzung Form an. Wegen der dünnen Höhenluft mit Sauerstoffmasken ausgestattet, verteilen die chinesischen Soldaten Briefumschläge voll Geld an die Provinzchefs und Körbe voll Leckereien an die Dorfbewohner. Nach und nach wird das Land mit Lautsprechern bestückt, aus denen Slogans dröhnen, von denen die an sanfte Gebets- und Mantralitaneien gewöhnten Tibeter rein gar nichts verstehen.

Das Staatsorakel wird zu einer außerordentlichen Sitzung gerufen. Der Trancezustand ist kurz, aber heftig. Das Nechung-Orakel – einem rituellen Helm, auf dem Schädel mit roten Augen aufgenäht sind, auf dem Kopf – beginnt wie ein Drache Luft auszustoßen, geht zu Kundun und sagt: „Werden Sie König!" Dann fällt er in Ohnmacht.

„Ich protestierte, denn ich war erst fünfzehn Jahre alt und normalerweise wird man mit achtzehn Jahren inthronisiert. Ich wusste nicht viel über Politik, aber ich war reif genug, um meine Unwissenheit und all das zu erkennen, was ich noch lernen musste", erinnert sich der Dalai Lama, der seine Kindheit aufgibt, um am 17. November 1951 oberster weltlicher Herrscher Tibets zu werden. Kurz darauf ruft der kommunistische Gouverneur des schon von den chinesischen Truppen besetzten Amdo Kunduns älteren Bruder Taktser Rinpoche, den Abt des Klosters von Kumbum, zu sich, um ihn zu einem finsteren Handel zu zwingen. Wenn es ihm gelingt, den Dalai Lama zu überreden, den Einmarsch der Befreiungstruppen der Volksrepublik zu akzeptieren, wird Peking ihn zum Herrn über Tibet machen. Wenn sich Kundun weigert, soll Taktser Rinpoche ihn umbringen. Der Abt gibt vor, auf den Handel einzugehen und warnt umgehend seinen Bruder in Lhasa, wo der Kashag dem jungen Dalai Lama rät, vorübergehend im Kloster von Yatung an der indischen Grenze Zuflucht zu suchen. Dort überbringt ihm ein chinesischer Gesandter einen Brief Maos, in dem er Tibet in der Volksrepublik China willkommen heißt ... „Dieser Gesandte bestand darauf, dass wir uns auf gleicher Ebene gegenübertreten sollten", erzählt der Dalai Lama. „Wir haben also alle protokollarischen Fallstricke umgangen und statt der traditionellen tibetischen Kissen zwei ähnlich aussehende Stühle hervorgeholt."

Ende 1951 besetzen bereits 20 000 Soldaten Lhasa. Zwei Jahre später erkennen die Chinesen das Scheitern ihrer Politik in Tibet und laden den Dalai Lama nach Peking ein, um mit ihm ihre Reformen zu verhandeln. Kundun bricht im November 1954 auf und fährt zum ersten Mal in seinem Leben mit dem Zug. Mao Tse-tung, der Große Steuermann, erklärt ihm, dass China es als seine Pflicht betrachten würde, Tibet den Fortschritt zu bringen und wenn er einige Generäle nach Lhasa geschickt hätte, dann keineswegs, um seine Regierung zu kontrollieren. „Ich befand mich in einer heiklen Situation", sagt der Dalai Lama „und war überzeugt, dass wir eine gewisse herzliche Atmosphäre aufrechterhalten müssten, damit unser Land nicht noch mehr leiden würde."

Eines Morgens kommt Mao zu ihm auf Besuch. „Obwohl der Buddha als Prinz geboren wurde, hat er doch eine ziemlich interessante Religion gegründet, denn sie schlug gleiches Glück für alle vor", sagt er zu ihm, bevor er geht. Am Neujahrstag organisieren die Tibeter in Peking eine Zeremonie, zu der die chinesischen Führer eingeladen werden. Dem Brauch gemäß werfen sie als Opfergabe für den Buddha Kuchenkrümel in die Luft. Mao nimmt zwei Krümel. Er wirft einen davon entsprechend dem tibetischen Ritus, den anderen wirft er auf die Erde. Als sie sich zum letzten Mal treffen, sprechen sie noch einmal über den Buddhismus. Mao hört Kundun lange zu, kratzt sich dabei an der Nase, rülpst, dass es nach Knoblauch riecht, und raunt ihm schließlich mit zuckersüßer Stimme zu: „Ich verstehe Sie sehr gut, aber glauben Sie mir, Religion ist Gift. Sie schwächt eine Rasse und hemmt den Fortschritt." Kundun senkt äußerst betreten den Blick. Er beginnt zu verstehen, dass dieser Patriarch, der ihn mit Ratschlägen überhäuft, wie man ein Land zu regieren hat, in Wirklichkeit entschlossen ist, mit jeder Form von Religion für immer aufzuräumen und die Fundamente des tibetischen Gesellschaftssystems zu zerstören.

Auf seiner siebenmonatigen Reise durch China wird der Dalai Lama auf Schritt und Tritt von einem übereifrigen Übersetzer verfolgt, der all seine Worte mit einer Anwand-

Rede des Dalai Lama bei der Ankunft der chinesischen Delegation.

lung von zufriedener Heimtücke in ein Heft schreibt. Kundun wird zu endlosen Banketten eingeladen, kämpft während einer siebenstündigen Rede von Zhou Enlai mit dem Schlaf, trifft Chruschtschow, Bulganin und vor allem Nehru, der sich in Höflichkeiten ergeht, um leichter einem ernsten Gespräch ausweichen zu können. Er besucht eintönige Landstriche, wo Bauern mit einförmigen Gesichtern alle gleich reden, gleich denken und gleich handeln. Mit neunzehn Jahren entdeckt er die Doppelbödigkeit des politischen Systems, die Absurdität des Kommunismus und die bornierte Kompromisslosigkeit der Chinesen. „Wir mussten zugeben, dass unser Land rückständig war, dass es den Fortschritt brauchte. Die Chinesen behaupteten, dass sie nur wegen der Entwicklung des Landes in Tibet wären. Sie verstehen, es gab nichts zu diskutieren: Wir gingen vom gleichen Prinzip aus."

Schon in sehr jungen Jahren hatte Kundun grundlegende Reformen ins Auge gefasst. Er hatte das rückständige Steuersystem geändert, die Feudalrechte abgeschafft, indem er die Großgrundbesitzungen verstaatlichte und das Land unter den Bauern aufteilte. Aber heute versteht er die wahren Absichten Pekings. Das Dach der Welt, der Gipfel Asiens mit seinen riesigen dünn besiedelten Gebieten und den sagenhaften ungenützten Bodenschätzen stellt eine unschätzbare Ausgangsbasis für eine Offensive gegen Indien und die Sowjetrepublik dar. Sein Vorgänger, der Große Dreizehnte, hatte schon große Reformen durchgeführt. Er schaffte die Todesstrafe ab, bekämpfte die Korruption, gründete eine Polizei und führte die ersten Errungenschaften der modernen Welt in Lhasa ein: die Elektrizität und das Telefon. Da Tibet zum Streitobjekt im Kampf um die Einflusssphäre zwischen China, Russland und England wurde, ging er zweimal ins Exil, 1904 und 1911. Das erste Mal aufgrund einer Strafexpedition von Soldaten aus Britisch-Indien und das zweite Mal, weil 2 000 Haudegen der chinesischen Armee genau zu den Neujahrsfeiern in Lhasa eingefallen waren. Es wurde ein passiver Widerstand organisiert, das Volk verweigerte die Kooperation mit der Besatzungsmacht und Peking erkannte, dass Tibet ohne den Dalai Lama unregierbar war. Bei seiner Rückkehr nach der Unterzeichnung eines Vertrages mit der Mongolei in Ulan-Bator war kein Han-Chinese mehr in Tibet. Ein Jahr vor seinem Tod verfasste er ein vorläufiges Testament: „Es kann der Tag kommen, an dem hier im Herzen Tibets Religion und Regierung von außen und innen angegriffen werden. Wenn wir unser Land nicht verteidigen, kann es sein, dass der Dalai Lama und der Panchen Lama, Vater und Sohn,

Chinesische Propaganda auf den Mauern von Lhasa.

der Vergangenheit angehören und sogar ihre Namen in Vergessenheit geraten werden. Die Mönche und die Klöster werden zerstört, die Autorität des Staates wird geschwächt werden. Die Länder und Besitztümer der Beamten werden konfisziert werden. Sie selbst werden gezwungen sein, ihren Feinden zu dienen oder wie Vagabunden im Land herumzuirren. Alle Lebewesen werden in äußerste Not geraten und in erdrückender Angst leben; und die Tage und Nächte voll Leid werden kein Ende nehmen."

Bei seiner Rückkehr nach Lhasa im Juni 1955 findet Kundun eine andere Stadt vor. Militärlastwagen breschen mit rasender Geschwindigkeit durch die überfüllten Straßen, Polizisten regeln von Betontürmchen aus den Verkehr. Straßen, Brücken, eine Bank und ein Kino wurden gebaut, einzig zum Komfort der Han-Siedler. Die „demokratischen Reformen" waren auf einen so vehementen Widerstand gestoßen, dass die Armee Tausende tibetische Kinder entführt hatte, um sie chinesisch zu erziehen und so die zukünftigen Generationen zu konditionieren. Im Osten hatten die Khampa revoltiert und mit Säbel und Gewehren mehrere chinesische Garnisonen niedergemetzelt.

1956 zu Gast in Indien beim Prinzen von Sikkim anlässlich des 2 500. Jahrestages der Geburt des Buddha, trifft der Dalai Lama Nehru in Delhi. Der Ministerpräsident reicht ihm unter rosaroten Bougainvilleen Tee, hört ihm ohne ihn zu unterbrechen zu und wirft ihm zum Schluss an den Kopf, dass, solange niemand die Unabhängigkeit Tibets offiziell anerkennt, dem Land nicht geholfen werden könne. Unterwegs nach Europa trifft Zhou Enlai Kundun in der indischen Hauptstadt, aber ihr ziemlich angespanntes Gespräch endet fruchtlos. Als Kundun nach Tibet zurückkommt, hat sich die Situation noch verschlechtert. Die erste Widerstandsbewegung der Khampa, die Hemden aus Fallschirmtuch tragen und sich vor den Kugeln mit Amuletten schützen, wird von den 150 000 Männern der Volksbefreiungsarmee praktisch ausgelöscht. Aber weitere Widerstandsgruppen formieren sich im ganzen Land.

Zu diesem Zeitpunkt beginnt der wahre Völkermord am tibetischen Volk, die systematische Zerstörung am Dach der Welt. Die heiligen Städte und Orte werden bombardiert, Mönche zum öffentlichen Geschlechtsverkehr mit Nonnen gezwungen und Kinder müssen ihre Eltern erschießen. Die Menschen werden gekreuzigt, geviertelt, viviseziert, von galoppierenden Pferden mitgeschleift, wie Tiere an Pflüge gespannt, lebendig aus Flugzeugen geworfen. Die Peiniger raten ihnen lachend in einer Levitation davonzuschweben oder Wunder zu vollbringen, um den Qualen und dem Tod zu entkommen.

In Wirklichkeit wollen die Chinesen aus dem Dalai Lama eine Marionette machen. Aber um sein Volk nicht in der Seele zu treffen, lassen sie ihn fertig studieren, obwohl sie die Abschaffung der Religion zum Ziel haben. 1959 hat Kundun also seine Abschlussprüfung. Einen ganzen Tag lang wird er von frühmorgens bis nachts ohne Unterbrechung von den achtzig gelehrtesten Meistern Tibets befragt. 20 000 Mönche wohnen der Debatte bei und er wankt nicht eine Sekunde. Am Abend erringt er den schwierigsten Grad der monastischen Hochschulausbildung, er wird Geshe Lharampa, Doktor der Göttlichkeit. Er ist 24 Jahre alt. Am Vorabend hatte er einen seltsamen Besuch. Zwei Subalternoffiziere luden ihn ein, allein, ohne bewaffnete Eskorte, unter völliger Geheimhaltung zu einer Theatervorstellung am 10. März in ein chinesisches Militärlager drei Kilometer außerhalb von Lhasa zu kommen. Misstrauisch geworden zögert der Dalai Lama mit der Antwort. Für sein Volk ist jeder noch so geringe Ortswechsel von ihm ein Ereignis, und unauffällig auszugehen wäre nur möglich, wenn er eine Ausgangssperre verhängen würde. Die Chinesen befehlen den tibetischen Polizisten, den Weg, den er nehmen muss, für den Verkehr zu sperren, aber das Gerücht sickert durch und die Einwohner von Lhasa beschließen in ihrer Überzeugung, dass die Soldaten Kundun entführen wollen, ihn am Verlassen des Norbulingka zu hindern. Am 10. März umringen 30 000 Menschen den Sommerpalast und der Dalai Lama verkündet, dass er nicht zur Einladung der Chinesen gehen werde. Am 11. März regt sich Tumult in der Menge. In der Nacht vom 14. auf den 15. werden im Geheimen Gebirgsgeschütze und schwere Maschinengewehre nach Lhasa gebracht. Am frühen Morgen schlagen ohne Vorwarnung zwei Granatwerfer ein, einer im Teich, der andere im Wasserbecken des Norbulingka. Diese düstere Warnung zwingt Kunduns Entscheidung herbei: „Alles war ungewiss, außer der dringende Wunsch meines Volkes, mich zum Gehen zu bewegen, bevor die Orgie der chinesischen Zerstörungswut beginnen würde. Mit meinem Bleiben hätte ich den Kummer der Tibeter noch vergrößert."

Am Abend des 17. März verkleiden sich seine Mutter und sein jüngerer Bruder Ngari Rinpoche als Khampa-Krieger. Er selbst legt zum ersten Mal in seinem Leben die Mönchsrobe ab und zieht Soldatenkleidung an. Er geht in die Kapelle der Mahakala, seiner Schutzgöttin, um zu beten, legt einen langen Seidenschal – eine Kata – als Opfergabe auf den Altar und geht, nachdem er die Lichter gelöscht hat, hinaus. Um zehn Uhr durchquert er den stillen Palast. Sein Kopf ist leer. Er hört nur mehr die Geräusche seiner Schritte und das Rufen des Holzkuckucks in der Uhr. Ohne Brille und mit einer Pelzmütze auf dem Kopf erkennt ihn niemand, als er leicht gebeugt durch die Palasttore tritt. „Es gab eine reale Gefahr. Wir kamen ganz nah an den chinesischen Militärbaracken vorbei."

Wangchung Tsering, ein zwanzigjähriger Khampa-Anführer, geht mit 350 Männern voraus. Sie nehmen Umwege, um den chinesischen Patrouillen aus dem Weg zu gehen, überqueren den Brahmaputra in zweifelhaften Booten, durchwandern asche- und lavafarbene Wüsten und passieren 6 000 Meter hohe Gebirgspässe mit ihren Pferden am Zügel, um sich selbst aufzuwärmen. Dem Dalai Lama frieren die Beine ein und die Bärte der Krieger verwandeln sich in Eiszapfen. „Trotz meiner pazifistischen Überzeugung hegte ich große Bewunderung für ihren Mut", sagt Kundun, „und ehrlich gesagt konnte ich ihnen nicht empfehlen, ganz auf die Gewalt zu verzichten, sondern sie nur bitten, Gewalt nur anzuwenden, um ihre Positionen zu verteidigen." Unterwegs erfahren sie, dass die Chinesen den Norbulingka beschossen haben in der Überzeugung, der Dalai Lama befände sich noch darin, dass sie einen Flügel des Potala zerstört, Unschuldige in den Straßen aus nächster Nähe erschossen, das tausend Jahre alte Ramoche-Kloster bombardiert, die Medizinschule geschliffen und die

Die Flucht des Dalai Lama nach Indien.

tibetische Regierung aufgelöst haben. Im Aufstand von Lhasa sterben in drei Tagen mehr als 10 000 Menschen.

Der letzte Teil der Reise unter Hagelstürmen und strömendem Regen ist der furchtbarste. Pferde stürzen in die Felsschluchten, die Menschen stapfen durch den Schnee mit von den reflektierten Sonnenstrahlen brennenden Augen, und Kundun verbringt, an der Ruhr erkrankt, sitzend schlaflose Nächte in einem improvisierten Zelt. Man muss ihn zu einem dreckigen Bauernhof bringen, auf dem die von der Ankunft aufgestörten Kühe zu ebener Erde muhen und die viel zu früh aufgestandenen Hähne auf dem Dach krähen. Es ist der einzige Moment, in dem er die Contenance verliert. Den ganzen endlosen Exodus entlang neckte er die Reiter gerne über ihre Art zu reiten und scherzte mit den Kämpfern. Er weiß, dass nur das Lachen seine Gefährten vor der Verzweiflung retten kann, und nichts anderes kann er ihnen geben.

Am 31. März empfangen ihn Gurkha-Soldaten in englischen Schnürstiefeln und strammer Haltung an den Toren zu Arunachal Pradesh in Indien. Achtzehn Tage braucht er noch, um den Dschungel von Assam zu durchqueren, dann erreicht er Tezpur, wo ihn die internationale Presse und Tausende Telegramme erwarten, darunter eines unterzeichnet von Nehru, das ihn in Indien willkommen heißt.

Aus Vorsicht verfasst der Dalai Lama nur ein Kommuniqué in der dritten Person, in dem er sein tiefes Bedauern über die Tragödie in Tibet zum Ausdruck bringt sowie seine Hoffnung, dass dieses Blutbad möglichst bald ein Ende nähme.

Im Oktober 1950 begann China bei uns einzumarschieren. Offiziell wollten die Chinesen uns nicht „kolonisieren", sondern uns vielmehr, wie sie es bezeichneten, friedlich von den reaktionären Kräften befreien.
Im Januar 1951, nach ihrem Einmarsch im Osten des Landes, beschloss ich, die Hauptstadt zu verlassen und das Kloster Dromo aufzusuchen.
Ich erinnere mich an eine kalte Nacht und diesen klaren Himmel, an dem die Sterne einen ganz besonderen Glanz haben, den man nur bei uns findet.

Oben: *Die erste Flucht des 14. Dalai Lama nach Dromo in seiner Sänfte, 1951.*
Unten: *Ankunft im Kloster Dungkar an der Grenze zu Sikkim.*
Rechte Seite: *Der Dalai Lama nimmt im Kloster Dungkar im Kreis seiner höchsten Beamten eine Reliquie entgegen.*

Oben: *Ohnmächtig sehen tibetische Mönche am 8. Dezember 1950 zu, wie die kommunistischen Truppen der chinesischen Armee in Tibet einfallen.*
In der Mitte und unten: *Die Ankunft der kommunistischen Truppen Chinas in Lhasa. Die meisten Soldaten kamen zu Pferd. Nur ein Jeep gehörte zum Konvoi, er war in der Nähe der Hauptstadt zusammengebaut worden.*
Rechte Seite: *Die chinesischen Truppen marschieren in Tibet ein, 1950.*

Die chinesischen Truppen kamen in mehreren, immer größeren Wellen nach Lhasa. Ich stieg auf die Terrasse des Potala hinauf, wo ich ein Fernrohr aufgestellt hatte, um einer vorbeiziehenden Truppe zuzusehen. In einer Staubwolke zog eine endlose Kolonne zum monotonen, bis zu mir heraufdringenden Klang der Kriegstrommeln vorbei. Als die chinesischen Soldaten die Stadt erreichten, in einem Heidenlärm von Trompeten und Tuben rote Fahnen und Mao-Porträts entrollten, hatte ich den Eindruck, eine Armee zu sehen, die direkt aus der Hölle kam. Ich wusste, dass wir einem derartigen Ansturm niemals standhalten könnten und dass Lhasa bald fallen würde.

Mao qualmte eine Zigarette nach der anderen, sprach langsam und gab kurzatmig und abgehackt kurze, schroffe Sätze von sich. Seine Schuhe waren ganz offensichtlich seit einer Ewigkeit nicht geputzt worden und die Manschetten seines Hemdes waren zerrissen. Er sah nicht allzu intelligent aus. Er erinnerte an einen alten Bauern vom Land, aber er vermittelte den Eindruck, gutmütig und aufrichtig zu sein.

Der Marxismus mit seinen Prinzipien von Gleichheit und Gerechtigkeit begeisterte mich. Ich war vorbehaltlos in unserer Annäherung an das kommunistische China. Ich war überzeugt, dass die buddhistische und die marxistische Philosophie nicht unvereinbar waren, ja dass sie sogar eine perfekt ausgewogene, effizient regierte Gesellschaft begründen könnten. Während ich noch von diesem Ideal träumte, beunruhigten mich gleichwohl die Anfänge von Maos China, das nur den rein materiellen Aspekt des Lebens im Auge hatte. Meine Befürchtungen fanden sich rasch bestätigt, als Präsident Mao mir zuraunte, dass Religion Gift sei und mein Land und die Mongolei schon von ihr verseucht wären.

Am 26. Januar 1955 erreicht der erste Lastwagen Lhasa über die neu gebaute Straße, die China nun mit Tibet verbindet.
Linke Seite oben: *In China begrüßt der Dalai Lama den Präsidenten der Volksrepublik China Mao Tse-tung und überreicht ihm eine Kata (den traditionellen weißen Schal), 1954.*
Unten: *Mao Tse-tung, Zhou Enlai, der Dalai Lama und der Panchen Lama bei einem vom Dalai Lama anlässlich des tibetischen Neujahrs ausgerichteten Bankett, 1955.*

Mein erster Besuch in Neu Delhi galt dem Raj Ghat, dem Ort der Einäscherung von Mahatma Gandhi. Als ich dort stand, fragte ich mich, welchen klugen Rat mir der Mahatma wohl gegeben hätte, wenn er noch leben würde. Ich spürte, dass er sicher seine ganze Kraft, seinen ganzen Willen, seine ganze Persönlichkeit in eine gewaltlose Kampagne für die Freiheit des tibetischen Volkes gelegt hätte. Das bestärkte mich in meinem Entschluss, immer seinem Beispiel zu folgen, egal welche Hindernisse zu überwinden wären. Und einmal mehr beschloss ich, mich unter keinen Umständen irgendwelchen Gewalthandlungen anzuschließen.

Der Dalai Lama (in der Mitte) und der Panchen Lama (hinten) beenden ihre lange Reise nach Indien auf dem Esel, um an einer buddhistischen Zusammenkunft in Neu Delhi teilzunehmen.
Linke Seite oben: *Im Januar 1957 segnet der Dalai Lama auf dem sogenannten „Palace Ground"-Platz in Kalkutta die Menschenmenge, die zu einer Abschiedszeremonie zusammengekommen ist.*
Linke Seite unten: *Der 14. Dalai Lama übergibt dem indischen Ministerpräsidenten Jawaharlal Nehru in Nalanda das Goldkästchen mit der Asche von Hiuen Tsang (einem chinesischen Mönch und Philosophen aus dem 7. Jahrhundert), Januar 1957.*

In der Nacht vom 14. auf den 15. März 1959 erfuhr man, dass heimlich Kanonen und Maschinengewehre nach Lhasa gebracht worden waren. Gefolgt von einem langen Militärkonvoi, der die Hauptstadt überrollte. Man berichtete mir, dass die Bevölkerung zum Norbulingka marschierte und dabei rief, dass sie käme, um mich zu beschützen.

30 000 Leute schrien ihre Wut gegen die Chinesen heraus. Ich war überwältigt.
Die sich überstürzenden Ereignisse veranlassten mich, das Orakel zu befragen, welches mir den Rat gab fortzugehen und deutlich den Weg aufschrieb, den ich gehen sollte, um aus dem Norbulingka herauszukommen.

Die zahllosen Tibeter auf dem Weg zum Norbulingka, um den Dalai Lama zu beschützen.
Linke Seite oben: *Tibetische Zivilisten kapitulieren in Lhasa vor den chinesischen Truppen, März 1959.*
Linke Seite unten: *Chinesischer Militärwagenkonvoi bei der Invasion Tibets.*

Nachdem ich fort war, erfuhr ich, dass die Chinesen Lhasa bombardiert hatten und der Norbulingka ihr Hauptziel gewesen war.
Man erzählte mir, dass die Zahl der Toten in die Tausende ging. Gleichzeitig hatten die Chinesen die Auflösung unserer Regierung verkündet, obwohl sie dazu kein Recht hatten.

Ich hatte keine Wahl mehr. Ich musste meinen Weg bis Indien weitergehen und dort um Asyl bitten. Und mich dann der Stärkung der geistig-seelischen Verfassung meines Volkes widmen, wo immer es war. Aber diese Perspektive war mir damals so unerträglich, dass ich sie nicht akzeptieren konnte. Außerdem musste ich so schnell wie möglich meine Regierung neu einsetzen.

Nach einem gescheiterten Aufstand geben tibetische Mönche unter den Augen von Soldaten der chinesischen Armee die Waffen ab.
Linke Seite: *Am 10. April 1959 verliest ein Anführer der chinesischen Kommunisten vor Tibetern eine Proklamation aus Peking, in der nach der Abreise des Dalai Lama der Gehorsam gegenüber dem Panchen Lama eingefordert wird.*

Unsere Mannschaft wurde jeden Tag trübsinniger. Ich war jung und kräftig, aber einige meiner älteren Gefährten begannen die Folgen dieses langen, in einem so hohen Tempo zurückgelegten Weges zu spüren, während die furchtbarsten Hindernisse noch vor uns lagen. Zu diesem Zeitpunkt hatten wir ja überhaupt keine Gewissheit, ob uns die indische Regierung in ihr Land hineinlassen würde. Ich wurde selbst krank, und wie betäubt von der Erschöpfung und einem kaum zu beschreibenden abgrundtiefen Kummer kam ich im Exil an. Aber angesichts der Sympathiebekundungen, die mir entgegengebracht wurden, sobald wir die ersten indischen Ortschaften erreicht hatten, hätte niemand noch weiter so völlig niedergeschlagen bleiben können.

Auf dem Weg ins Exil.
Die Flucht des Dalai Lama nach Indien, 1959.

Zwei Monate nach meiner Ankunft gab ich eine Pressekonferenz vor hundertdreißig Journalisten aus der ganzen Welt. Ich hörte, dass Mao, als er vom Aufstand vom März 1959 erfuhr, gefragt haben soll: „Und der Dalai Lama?" Und dann, als er über meine Flucht informiert worden war, soll er erklärt haben: „In diesem Fall haben wir die Schlacht verloren." Danach habe ich vom Großen Steuermann nichts mehr gehört, außer durch die Zeitungen und über die BBC-Nachrichten. Weder ich noch die tibetische Exilregierung hatte irgendeinen Kontakt mit Peking, und so blieb es bis zu Maos Tod im September 1976.

Blick auf Kalimpong, die erste indische Stadt nach der Grenze zu Tibet.
Unten: *Ankunft des Dalai Lama in Tezpur, Indien, 1959. Er gibt dort seine erste Pressekonferenz nach seinem Weggang aus Tibet.*
Linke Seite oben: *Ankunft des Dalai Lama am 25. April 1959 in Mussoorie, Indien.*
Linke Seite unten: *Der Dalai Lama vor der Kamera des Maharadschasohns von Sikkim, 8. April 1959, Indien.*

3. Tibet ohne den Dalai Lama

Der Bambusvorhang senkte sich über das Schneeland. Von 1966 bis 1976 findet die Tragödie der Kulturrevolution unter Ausschluss der internationalen Öffentlichkeit statt. Seit der chinesischen Besatzung 1959 sind 1 200 000 Tibeter einem völkermordenden Wahnsinn zum Opfer gefallen, das ist mehr als ein Fünftel der Bevölkerung. Im März-Aufstand von 1959 kamen allein in der Region Lhasa 87 000 Tibeter um. Die ersten Zeugenberichte drangen mit den Flüchtlingen, die Ende der 70er Jahre heimlich zu Fuß über den Himalaja geflohen waren, nach draußen. Die an den Tibetern verübten Folterungen übersteigen jegliche Vorstellung. Die meisten weigern sich, darüber zu sprechen. Sie fürchten, dass man ihnen nicht glauben würde, und so hat der große Schmerz keine Stimme. Allmählich beginnt sich der Vorhang zu heben. Man erfährt, dass 6 254 Klöster bombardiert, vierzehnjährige Mädchen zwangssterilisiert und Tibeterinnen genötigt worden sind, chinesische Soldaten zu heiraten, dass Lamas mit ihrem tausendjährigen Wissen auf Kollektivbauernhöfe geschickt wurden, um dort die subtile Kunst des Schweinehütens zu erlernen.

Doktor Tenzin Choedrak, der Leibarzt des Dalai Lama, verbringt siebzehn Jahre im Lager. Die Gefangenen haben Anrecht auf nur vier Kilogramm Tsampa (Gerstenmehl) pro Monat. Sie beginnen, ihre Kleidung zu essen, dann das Leder ihrer Schuhe, das sie stundenlang kauen, getrocknetes Stroh und Kieselsteine. Erdwürmer mit gelbem Kopf sind ihre einzige Fettquelle. Die Menschen brechen auf den Feldern zusammen. Viele verhungern. Die Soldaten verteilen Tausende Mao-Bibeln, die man auswendig aufsagen können muss. Die Tibeter verstehen kein Chinesisch, und die Chinesen, die wiederum nicht Tibetisch können, sprechen mit ihren Bürgern englisch. Sobald die tibetischen Beamten gezwungenermaßen einige Worte Chinesisch gelernt haben, müssen sie untereinander chinesisch reden und die Sitten der Kolonisten annehmen, sich wie sie in Schwarz und Grau kleiden, Alkohol trinken und wie ein Schlot rauchen, denn wer nicht raucht, wird verdächtigt, ein Gegner der stolzen Volksrepublik zu sein. In den Schulen wird die tibetische Sprache verboten und die Neugeborenen werden unter einem Vornamen registriert, der mindestens eine Silbe aus dem Namen des Großen Steuermanns zu enthalten hat. Wenn sich die Mütter weigern, bekommen die Kinder eine Nummer. Die fulminante Idee der Han-Chinesen, statt Gerste Reis und Weizen anzubauen, die auf dieser Meereshöhe nicht gedeihen, führt zur ersten Hungersnot in der Geschichte Tibets.

Siebzehn Radarstationen, vierzehn Luftstützpunkte, fünf Atomwaffenbasen, ungefähr hundert Basen für Mittel- und Langstreckenraketen werden über das ganze Land verteilt, im Norden wächst nichts mehr aufgrund der Zwischenlagerung von Atommüll. Sogar die Tiere verschwinden. Die großen Wildesel fliehen in verheißungsvollere Gefilde nach Ladakh, und nachdem die Han gehört haben, dass sich aus Yakfleisch ausgezeichneter Braten machen lässt, verschlingen sie einen beachtlichen Teil der sanftäugigen Hornträger. Sie essen auch die Lhasa Apso, diese stolzen, üppig behaarten Hunde, die in den dunklen Ecken meditierend die Lamaserien bewachen.

Drei Jahre nach Maos Tod wird die chinesische Politik gemäßigter, zwischen Peking und dem Dalai Lama, der im Exil seine Regierung neu gebildet hat, laufen wieder Verhandlungen an. Zu Beginn der 1980er Jahre werden einige sehr oberflächlich restaurierte Tempel für den Tourismus geöffnet und die Religion bekommt eine Scheinfreiheit. Eine Flüchtlingsdelegation darf für einen kurzen Aufenthalt nach Tibet einreisen. Darunter auch Jetson Pema, die jüngere Schwester des Dalai Lama. „Es war eine Reise durch die Hölle", erinnert sie sich. „In meinem ganzen Leben habe ich nie so viel geweint. Was ich dort gesehen habe, übersteigt jegliche Vorstellung, noch heute kann ich kaum darüber reden, ohne in Tränen auszubrechen." Immer noch verhungern hunderte Menschen, sie haben nur Ratten zum Essen, und manchmal, wenn es keine Ratten mehr gibt, überhaupt nur mehr Kadaver. Wenn sie gut aufgelegt sind, werfen ihnen die Chinesen die Essensreste für die Schweine hin.

Die ersten Touristen, die nach Tibet kommen, finden ein sinisiertes Land vor. In Lhasa gibt es jetzt mehr chinesische Siedler als Tibeter, nunmehr Bürger zweiter Klasse. Mitten im Potala weht die rote Fahne mit den fünf Sternen der Volksrepublik und der majestätische Palast, den man von weitem noch sieht, verschwindet beim Näherkommen hinter schrecklichen, trostlosen Bauten. Die Altstadt wurde zerstört. Karaokebars und Internetcafés, in denen Kinder von morgens bis abends für ein paar Yuan Kriegsspiele spielen, boomen auf den düsteren chinesischen Straßen. Es gibt 350 Bordelle und mehr Prostituierte als in Peking. Die Han verabscheuen Tibet und seine Einwohner, die ihrer Mei-

Bei den Demonstrationen 1988 verhafteter Mönch.

nung nach Barbaren und Wilde sind und stinken. Strategisch und wirtschaftlich gesehen ist das Schneeland für Peking von eminenter Bedeutung. So plündert Peking schamlos die Uran- und Lithiumvorkommen und die 250 verschiedenen Erze, und es setzt auf das Potenzial der Wasserkraft, der größten auf dem Planeten.

1987 schlägt der Dalai Lama in Washington einen Friedensplan mit fünf Punkten vor, darunter die Forderung nach einem Stopp der Bevölkerungsumsiedelungen, doch am 1. Oktober eröffnet die Polizei in Lhasa das Feuer auf eine Unabhängigkeitsdemonstration. Am nächsten Tag verlangen die Familien die Herausgabe der Leichen. Man übergibt sie ihnen gegen Bezahlung der Kugeln, mit denen die Opfer getötet wurden. Im März 1989, dreißig Jahre nach dem Aufstand von Lhasa, schießen Soldaten ohne Vorankündigung auf betende Mönche. Überfordert weichen die Soldaten, in Auflösung begriffen, vor der heranrückenden Menge zurück. Angesichts der Panik geben sie auch deshalb so schnell nach, weil sie selbst die Absurdität ihrer Regierung nicht mehr verstehen, die unfähig ist, der selbstmörderischen Entschlossenheit der Tibeter Herr zu werden und mit dem Dalai Lama zu verhandeln. Das Kriegsrecht wird verhängt, die ausländischen Staatsangehörigen aufgefordert, das Land binnen achtundvierzig Stunden zu verlassen und das tibetische Hochland sieht sich wieder einmal von der Welt abgeschnitten. Aber diesmal hat China sein wertvollstes Gut verloren: sein Gesicht.

Die Tibeter, denen es gelingt, ihr Land nach den Ereig-

Bei den Demonstrationen 1987 verwundeter Tibeter.

nissen von 1989 zu verlassen, die meisten von ihnen ehemalige Gefangene, erzählen, wie sie gefoltert wurden. Nyima, eine neunzehnjährige Studentin, war verhaftet worden, weil sie bei einer friedlichen Demonstration Flugblätter verteilt hatte. Eingesperrt mit vierzig anderen Frauen in einer vor Ungeziefer und Ratten wimmelnden Zelle, musste sie dem Gefängnis dafür eine Miete von einem Yuan pro Tag zahlen. „Wir durften nur einmal in 24 Stunden auf die Toilette gehen und mussten sie mit bloßen Händen putzen. Man brannte uns mit Zigaretten und durchbohrte unseren Mund mit Nadeln und Messern. Manchmal brachte man uns vergiftetes Essen, nicht um uns zu töten, sondern damit wir Schmerzen bekamen. Wir mussten täglich drei Stunden lang auf einem eiskalten Zementboden stehen und die Mitglieder unserer Familie verraten, die an Demonstrationen teilgenommen hatten. Wer sich weigerte auszusagen, bekam von den Chinesen unbekannte Substanzen gespritzt, die einen lebenslänglich lähmten."

Am 28. Januar 1989 blasen die riesigen Hörner den Aufruf zum Gebet und verkünden den Tod des 10. Panchen Lama. Der wichtigste religiöse Würdenträger Tibets nach dem Dalai Lama ist im Alter von 50 Jahren unter mysteriösen Umständen gestorben. Die Linie der Panchen Lamas geht auf den Beginn des 17. Jahrhunderts zurück, als der 5. Dalai Lama seinem spirituellen Meister eine Ehre erweisen wollte und ihn zum Abt des Klosters Tashi Lhunpo in Shigatse ernannte. Er erkannte in ihm die Emanation des Buddha Amithaba und verlieh ihm den Titel „Großer Gelehrter". Seit damals sollte nichts die beiden, durch ein festeres Band als Bruderschaft und durch die gegenseitige Anerkennung über den Tod hinaus miteinander verbundenen Lamas trennen. Die Tibeter bezeichnen es als Vater-Sohn- oder Mond-Sonne-Beziehung. Ab dem 18. Jahrhundert versuchten die Mandschu, die in Tibet ein Protektorat errichtet hatten, eine Rivalität zwischen den beiden Inkarnationen zu provozieren, indem sie erklärten, dass der Panchen Lama „spirituell höher" wäre als der Dalai Lama, dessen Reinheit durch seinen Kontakt mit der profanen Welt beschmutzt sei. In Wirklichkeit war es ein Versuch, zwischen der Hauptstadt und Shigatse, der zweitgrößten Stadt des Landes, Differenzen zu säen. Aber trotz ihrer Absicht, ihren Einfluss auf Tibet zu festigen, gelang es den Mandschu nicht, einen Streit zwischen den beiden Würdenträgern hervorzurufen.

Um 1940 verkündet die Kuomintang-Partei, dass sie in einem kleinen dreijährigen Jungen die Reinkarnation des 10. Panchen Lama gefunden habe. Sehr bald wird er die Geisel der Chinesen, die durch ihn die Autorität des Dalai Lama zu schwächen versuchen. Später wollen ihn die Kommunisten zwingen, am Hauptsitz in Lhasa dessen Platz einzunehmen. Aber er weigert sich und unterbreitet im Alter von 20 Jahren eine Petition mit 70 000 Schriftzeichen, in der er die Hungersnot und die Misshandlungen der Kolonisten in Tibet anprangert. Sein Text bringt ihm zehn Jahre Folter und Umerziehungslager ein. Bei seiner Befreiung zwingt man ihn, sein Mönchskleid abzulegen und eine Gefängniswärterin zu heiraten. Er versinkt im Alkohol. Er lebt in Peking und wird von Zeit zu Zeit in Tibet wie ein Hampelmann vorgeführt. Im Januar 1989 erklärt er bei einem Besuch im Kloster Tashi Lhunpo vor der völlig perplexen Führungsriege der Kommunisten: „Die Kulturrevolution ist seit fünftausend Jahren die größte Katastrophe in der Geschichte Chinas und Tibets. Heute haben einige verantwortliche Politiker diese Tragödie völlig vergessen, und andere machen wieder die gleichen Fehler." Vier Tage später erliegt der Panchen Lama einer Herzattacke. Manche behaupten, dass er ermordet worden sei, andere, dass er viel zu viel geraucht und getrunken hätte, wieder andere, dass er seinen Herzschlag absichtlich abgestellt hätte, damit Peking die Verantwortung übernehmen muss.

„Es hat wirklich Gerüchte gegeben", sagt Kundun. „Einerseits manipulierten ihn die Chinesen, sie fanden ihn nützlich und dann wieder störte er sie, denn entgegen allem Anschein weigerte er sich immer zu kollaborieren. Wenn der Panchen Lama, der in der chinesischen Hauptstadt lebte, im Fernsehen auftrat, sah sein Gesicht normal aus. Einige Tage später zeigte ihn eine Reportage in Shigatse, und da konnte man eindeutig sehen, dass sich seine Miene verdüstert hat, sehr verdüstert. Manche, die schlecht informiert sind, behaupten, dass der Panchen Lama das Spiel der Chinesen spielte. Aber in meinen Augen und in denen des tibetischen Volkes hat er immer für sein Land gekämpft. All seine Worte und Handlungen zeugen davon."

Nach seinem Tod beauftragt die chinesische kommunistische Partei Chadrel Rinpoche, den Abt von Tashi Lhunpo, mit der Suche nach der Reinkarnation des Panchen Lama in dem Glauben, der Abt sei ihnen wohlgesinnt. Der Dalai Lama schlägt Peking vor, eine Gruppe hoher Würdenträger mitzuschicken, um den Abt in seiner Suche zu unterstützen. China lehnt dieses Angebot, das es für „überflüssig" hält, ab. Einige Monate nach dem Tod des Panchen Lama werden rund dreißig potenzielle Kandidaten in Tibet, Indien und Ladakh ausgewählt. Drei Kinder mit bemerkenswerten Fähigkeiten kommen in die engere Wahl. Unter ihnen der kleine Gedhun Choekyi Nyima, der Sohn von quasi analphabetischen Nomaden. Über eine geheime, vom Dalai Lama nach Tibet geschickte Delegation informiert Chadrel Rinpoche die Exilregierung. Seitdem es reden kann, sagt das Kind zu seinen Eltern: „Ich bin der Panchen Lama. Mein Kloster ist Tashi Lhunpo. Ich sitze auf einem erhöhten Thron. Ich habe noch andere Klöster in Lhasa, Zentraltibet und China." Nichts ahnend von Chadrel Rinpoches „Doppelspiel" beschließt Peking, die Bekanntgabe um einige Monate bis zum 30. Jahrestag der Gründung der Autonomen Region Tibet hinauszuzögern. Doch am 14. Mai 1995 teilt der Dalai Lama nach Konsultation des Orakels von Nechung und nach der Durchführung einiger spiritueller Übungen mit, dass der 11. Panchen Lama von Chadrel Rinpoche gefunden worden sei und dass er ihn offiziell anerkenne. Kurz darauf wird Gedhun Choekyi Nyima mit seinen Eltern entführt. Chadrel Rinpoche selbst wird sofort verhaftet, eingesperrt und an der Spitze des Tashi Lhunpo-Klosters durch einen im Sold der Chinesen stehenden Mönch mit dem Beinamen „der rote Lama" ersetzt, der schon während der Kulturrevolution eine Rolle gespielt hatte. Die Anklage gegen den jungen Panchen Lama ist schwerwiegend. Offiziell ist der jüngste politische Häftling der Welt angeklagt, „einen Hund ertränkt zu haben, ein in den Augen des Buddha abscheuliches Verbrechen", wie die kommunistische Staatsführung, selbst eher dafür bekannt, Hunde zu verspeisen als den Buddha anzubeten, allen Ernstes behauptet.

Nachdem ihnen der Dalai Lama zuvorgekommen war, führen die Chinesen nun ein Spektakel von einem liturgischen Ritual auf. Sie kramen einen obskuren Vertrag aus dem 16. Jahrhundert hervor, der den mandschurischen Kaisern der Qing-Dynastie das Recht gab, am Ende einer Auslosung mittels Goldurne und Elfenbeinstäbchen die Panchen Lamas auszuwählen. Diese Prozedur, die nur dreimal in zwei Jahrhunderten zur Anwendung kam, hatte einfach zum Ziel, die Suche, durchgeführt nach dem buddhistischen Ritual des Hochlandes, zu bestätigen oder ihre offizielle Gültigkeit zu erklären. Am 17. November 1995 werden 75 tibetische Lamas, zum Großteil Geiseln von Peking,

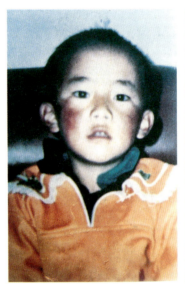 

Links Gedhun Choekyi Nyima, vom Dalai Lama anerkannter Panchen Lama und rechts Gyaltsen Norbu, offizieller Panchen Lama der Chinesen.

in einem Militärgebäude der Hauptstadt mit vorgehaltener Pistole zusammengerufen. Bei dieser Einladung, der niemand fern bleiben darf, sollen sie die Wahl des Dalai Lama denunzieren. Danach versammeln sich die Lamas zum „Familienfoto", mit verschlossenem Gesicht, gezwungen und steif. Vor den höchsten Repräsentanten des Staates und der Armee verkündet Staatspräsident Jiang Zemin, dass die letzte Phase der Suche nach der Reinkarnation „sehr rasch" vonstatten gehen werde.

Ende November organisiert die kommunistische Führung vorsorglich, um keinen Verdacht zu erwecken, im Morgengrauen eine Pseudozeremonie, die eher einer Gruselgroteske ähnelt als der weisen buddhistischen Liturgie. Die Szene spielt sich im Jokhang ab, dem spirituellen und geografischen Zentrum von Lhasa, in Anwesenheit einiger Lamas und hoher kommunistischer Funktionäre in Anzug und Krawatte, darunter Luo Gan, Generalsekretär des Staatsrates und graue Eminenz hinter Li Peng. Bomi Rinpoche, ein 77jähriger Mönch von zweitrangiger Bedeutung, auch wenn die Chinesen ihn als einen hohen Lama zu präsentieren versuchen, legt drei Elfenbeinstäbchen in eine goldene Urne, auf denen die Namen von drei für die Reinkarnation des Panchen Lama in Frage kommenden kleinen Jungen stehen. Vor der großen Buddhastatue psalmodiert der Lama Gebete und schwenkt das heilige Gefäß über seinem Kopf hin und her. Er zieht ein Stäbchen mit dem Namen Gyaltsen Norbu heraus, sechs Jahre alt, wie Gedhun Choekyi Nyima in der Provinz Nagchu geboren, aber mit prochinesischen Eltern. Dann dröhnen die riesigen Hörner und der Junge wird mit hochrotem Kopf aus seinem Versteck hinter einem Vorhang in den Tempelraum gebracht. Das Publikum applaudiert lautstark, was an solch heiligen Orten überhaupt nicht passt, und der Generalsekretär des chinesischen Staatsrates nimmt den neuen „Panchen Lama" in seine Arme, beglückwünscht ihn, befiehlt ihm seine Heimat zu lieben und brav zu lernen. Am 8. Dezember wird Gyaltsen Norbu im Kloster Tashi Lhunpo feierlich inthronisiert. Zwei Bataillone chinesischer Soldaten wachen über seine Sicherheit und er bekommt eine von Jiang Zemin mit Goldtinte gezeichnete Kalligrafie, die da lautet: „Schützen Sie die Heimat und arbeiten Sie für das Volk." Welche Heimat und welches Volk?

„Dass die Eltern dieses Kindes Mitglieder der Kommunistischen Partei sind, ist eine Tatsache, die bei uns ziemlich selten ist", wundert sich der Dalai Lama. „Und auch wenn er einer von Chadrel Rinpoches Kandidaten ist, bleibt es meinen sorgfältigen Untersuchungen und Nachforschungen zufolge dabei, dass Gedhun Choekyi Nyima der einzige Panchen Lama ist. Daher wird seine Anerkennung nicht rückgängig gemacht. Ich bin in äußerst großer Sorge, was sein Schicksal betrifft. Wir haben keine Nachrichten von ihm. Nach den wenigen Informationen, die bis zu uns durchgedrungen sind, soll er mit seinen Eltern in Peking festgehalten werden. Es ist für die Chinesen nicht einmal notwendig, ihn zu töten: es würde reichen, ihm bestimmte Drogen zu geben, die sein Gehirn für immer schädigen. Dieses Manöver der Chinesen rund um die Anerkennung „ihres" Panchen Lama ist auch ein Mittel, das Image des Buddhismus in der Welt zu zerstören und ein Weg, ihre Macht in Tibet zu behaupten. So wie es traditionellerweise den Dalai Lamas zufällt, die Reinkarnation der Panchen Lamas zu bestimmen, so wird es die Aufgabe des Panchen Lama sein, meine nach meinem Tod anzuzeigen. Und wenn der Panchen Lama von den Chinesen indoktriniert ist, werden sie nach meinem Tod eine Marionette wählen. Dann wird es mit den Freiheitsbestrebungen des tibetischen Volkes ein Ende haben."

Seit der Entführung des kleinen Gedhun Choekyi Nyima kommt es zu neuerlichen Revolten, gefolgt von religiöser Repression. Chinesische „Umerziehungsbrigaden" fallen in den Klöstern ein, die um 50 bis 95 Prozent ihrer Bewohner gebracht werden. Ein zehnköpfiges Funktionärsteam steckt die letzten Mönche in täglich achtstündige Umerziehungsschulungen. Am Ende dieser obligatorischen Kurse müssen diese eine Fünf-Punkte-Erklärung unterschreiben, die besagt, dass Tibet immer schon zu China gehört hat, der Dalai Lama zu verleugnen ist, das von Peking anerkannte Kind als der Panchen Lama akzeptiert werden muss, keine Radiosendungen in tibetischer Sprache gehört werden dürfen und jede separatistische Aktion zu unterlassen ist. Wer sich weigert zu unterschreiben, wird ins Gefängnis geworfen oder in den Gulag von Amdo, den größten Gulag der Welt, gebracht, in dem zehn Millionen Menschen interniert sind. Andere bringen sich lieber um anstatt sich selbst zu verleugnen. Die Eremiten, die in den Bergen in aller Stille meditieren, müssen von nun an eine Miete für ihre Steinhöhle bezahlen. Fotos vom Dalai Lama, dem „Schlangenkopf", wie ihn die Kommunisten nennen, werden verboten. Die Tibeter stellen stattdessen leere Rahmen auf. Gemäß der neuen offiziellen Politik ist die tibetische Kultur nicht buddhistisch und der Buddhismus eine „importierte Religion, der man sich entledigen muss". Ein bisschen so, wie wenn sich Europa des Christentums entledigen müsste, weil es aus Israel kommt. Apropos, woher kommt eigentlich der Marxismus?

Am 1. Juli 2006 weiht Präsident Hu Jintao am Ende eines pharaonenhaften Bauprojekts den höchstgelegenen Zug der Welt ein, die Verbindung Peking–Lhasa. Für eine moralisch einwandfreie Sache mit zuviel Sorgfalt inszeniert, beginnt mit dem „tanzenden Eisendrachen auf dem Dach der Welt" eine neue Etappe im Sinisierungsprozess. Jährlich transportiert er 900 000 Passagiere, davon zu einem überwiegenden Teil Han-Siedler. Auf Chinesisch bedeutet Tibet „das Haus der Schätze des Westens".

Ani Ngawang Yangchen verbrachte viele Jahre in chinesischen Gefängnissen.

Militärparade vor dem Potala, 1. Oktober 2000.
Rechte Seite oben: *Übung der chinesischen Armee auf einer Militärbasis in Tibet.*
Rechte Seite unten: *Jokhang-Platz, Lhasa, Mai 2002. Pilger unter Aufsicht der chinesischen Polizei.*
Jede Form der Versammlung ist auf diesem Platz, der Ausgangspunkt zahlreicher Aufstände war, verboten.

Die große militärische Präsenz der Besatzungsmacht in Tibet erinnert die Tibeter jeden Tag an ihre Unterdrückung und ihr Leid. Ich für meinen Teil würde mir wünschen, dass Tibet zu einer gewaltfreien Zone gemacht wird. Die Schaffung einer solchen Zone entspricht genau seiner historischen Rolle eines friedlichen, buddhistischen und neutralen Staates, der die zwei Großmächte Indien und China trennen würde.

In Tibet zerstören die Chinesen unsere natürliche Umwelt. Mehr als 500 Millionen Bäume sind gefällt und nach China gebracht worden, während es den Tibetern verboten ist, auch nur einen Baum bei ihnen daheim zu schlägern. Die chinesische Umsiedelungspolitik ist ein Bruch der Vierten Genfer Konvention. Zum Beispiel sollen in der Provinz, in der ich geboren wurde, zweieinhalb Millionen Chinesen auf 750 000 Tibeter kommen. Die Bildung ist, wenn es sie überhaupt gibt, vorrangig dazu da, das tibetische Volk chinesisch umzuerziehen.

Oben: *Schule von Zadoi im Süden Tibets.*
Rechts: *Eisenbahnverbindung Peking – Lhasa. Hier die Strecke über den Kunlun-Pass auf 4767 Höhenmeter.*
Rechte Seite oben: *Holzlager östlich von Lhasa.*

Im September 1987 begannen in Tibet große Demonstrationen, gefolgt von heftigen Repressionen. Sie endeten mit der Verhängung des Kriegsrechts in Lhasa im März 1989. Die Demonstrationen waren größtenteils eine Reaktion auf den enormen Zustrom von chinesischen Immigranten. Keine noch so brutale Unterdrückung kann die Stimme der Freiheit ersticken. Ich hatte Angst, dass Lhasa bald einem Schlachthaus gleichen würde. Diese Ereignisse offenbarten der Welt das Drama des tibetischen Völkermords.

Szenen des Aufstands der tibetischen Mönche während der antichinesischen Demonstrationen von 1987.

Oben: *Ein junger tibetischer Mönch, der für seine Religionsfreiheit nach Indien geflohen ist.*
Rechts: *Das Drapchi-Gefängnis in Lhasa, erbaut von den Chinesen bei ihrer Ankunft in Tibet. Es hat den Ruf, eines der furchtbarsten Gefängnisse für politische Häftlinge zu sein.*
Rechte Seite: *Palden Gyatso, 78 Jahre alt. Der tibetische Mönch, einer der ältesten politischen Ex-Häftlinge, überlebte 33 Jahre Internierung. Er war verhaftet worden, weil er friedlich demonstriert hatte.*

In Tibet kommt es nach wie vor zu zahlreichen unvorstellbaren und offenkundigen Verletzungen der Menschenrechte, zur Verweigerung der Religionsfreiheit und der Politisierung von religiösen Themen. All das aus mangelndem Respekt der chinesischen Regierung vor dem tibetischen Volk. Das sind keine unbedeutenden Hindernisse, die die chinesische Regierung absichtlich ihrer Politik einer Vereinigung der Völker in den Weg legt. In der Provinz Amdo befindet sich der größte weltweit bekannte Gulag. Zehn Millionen Häftlinge können dort interniert werden.

Neben all den Verbrechen an den Menschen haben die Chinesen 95 Prozent der Klöster dem Erdboden gleich gemacht. Alles, was Tempel, Statuen, heilige Texte enthielt, wurde zerstört und geplündert. Vieles schickte man nach Peking, um es im Antiquitätenhandel zu verkaufen. Die Mönche wurden in Arbeitslager deportiert und gezwungen, ihr Zölibatsgelübde aufzugeben, die Gebäude in Ställe oder Militärbaracken umgewandelt.

Das Frauenkloster von Ragu war 1998 von chinesischer Zerstörung bedroht. Die Nonnen zerstörten es lieber selbst, anstatt chinesische Bulldozer diesen heiligen Ort beschmutzen zu lassen.
Linke Seite: Das Kloster Shide („Friede" auf tibetisch) im Zentrum von Lhasa wurde während der Kulturrevolution zerstört. Außerhalb der erlaubten Touristenrouten gelegen, wurde das Kloster nie wieder aufgebaut.

Die chinesische Regierung hat den Tibetern zwar erlaubt, einige buddhistische Klöster wiederaufzubauen und ihre Religion dort zu praktizieren, sie verbietet aber nach wie vor ein formelles Studium der Religion und formelle Unterweisungen. Nur eine geringe Zahl offiziell von der Partei zugelassener Personen hat das Recht, in den Klöstern zu leben.

Oben: *Im Inneren eines Tempels in Tibet.*
Rechts: *Buddhistischer Tempel in Lhasa. Diese Orte der Spiritualität bleiben das Zentrum des kulturellen und politischen Widerstands Tibets.*
Linke Seite oben: *Innenansicht des Klosters von Drepung (zehn Kilometer westlich von Lhasa), das vor der chinesischen Besatzung mit 10 000 Mönchen das größte Kloster Tibets war. Heute gibt es nur mehr einige Hundert.*
Linke Seite unten: *Ein junger tibetischer Mönch rezitiert seine Gebete.*

Nach Maos Tod erlaubten die Kommunisten die Wiedereinführung der religiösen Feste und Praktiken, insbesondere die Feiern zum Losar-Fest (unser Neujahr). Die Nationaltracht war bei dieser Gelegenheit wieder zugelassen und man durfte wieder in das Jokhang-Kloster pilgern, allerdings unter der Kontrolle der chinesischen Besatzungsmacht.

Linke Seite oben: *Die Musik spielt bei den religiösen tibetischen Festen eine große Rolle.*
Linke Seite unten, diese Seite links und folgende Doppelseite: *Religiöse Zeremonien beim Mönlam-Fest, dem Großen Gebet zum tibetischen Neujahr im Kloster Labrang, 2008.*
Vorhergehende Doppelseite: *Mönche im Schneesturm bei einer Zeremonie im Kloster Labrang in Osttibet.*

Für viele Chinesen ist Tibet zu einer Reliquie aus der Vergangenheit geworden, zu einer Touristenattraktion. Trotzdem, manchen Reisenden gelingt es zu berichten, was sie wirklich sehen und nicht nur das, was man ihnen zeigen will.

Man darf das Land nicht von der Welt abschotten. Es ist wichtig, Informationen über das reale Leben des tibetischen Volkes zu sammeln, das nur mehr als arm und zweitrangig gilt.

Oben: *Lhasa wurde zum Tourismus- und Handelszentrum, ausgerichtet vor allem auf Chinesen.*
Links: *Chinesischer Tourist in der Ebene rund um Lhasa.*
Linke Seite oben: *Arme in den Straßen von Lhasa.*
Linke Seite unten: *Um zu überleben, sind die Tibeter oft gezwungen, den chinesischen Besatzern zu dienen.*

4. Tibet im Exil

Im Jahr 1960 nimmt der Dalai Lama Zuflucht in Dharamsala, einer kleinen entlegenen Stadt an den Ausläufern des westlichen Himalaja im indischen Bundesstaat Himachal Pradesh. Auch wenn die 2 000 Höhenmeter dieser Stadt am Ende der Welt die Tibeter vage an ihre Heimat erinnern könnten, ist sie doch weit weg von allem und besonders weit von der Hauptstadt. Es gibt zwei Dharamsala: das eine liegt am Berghang, das andere, McLeod Ganj, auch „Kleines Lhasa Indiens" genannt, weiter oben.

Zu Beginn des 20. Jahrhunderts richteten Beamte aus Britisch-Indien dort ihre Sommerquartiere ein. Obwohl die Deodar-Zedernwälder von Schakalen, Panthern und Leoparden unsicher gemacht wurden, war es ihnen gelungen, aus diesem Städtchen, dessen Ursprünge in die vedischen Zeiten zurückreichen und in dem halbnackte Asketen meditierend ihr Leben verbracht hatten, ein typisch britisches Eckchen zu machen, mit seinen Kirchen und Friedhöfen, seinen Mahagoniholz-Clubs und Chintz-Cottages, seinen Gemüsegärten voll grüner Erbsen und Teerosenpflanzungen, liebevoll gepflegt von rothaarigen, blassen Damen mit breitkrempigem Seidenhut.

1905 zerstört ein Erdbeben McLeod Ganj und die britische Kolonie flüchtet nach Simla. Nur – oder fast nur – die Nowrojee, eine seit Generationen ansässige parsische Familie, weigert sich die Gegend zu verlassen. Als Nehru nun einen Zufluchtsort für den Dalai Lama suchte, schickten sie ein Angebot nach Delhi, und dank dieser Inder, die durch die britische Herrschaft englischer geworden waren als England selbst, wurde McLeod Ganj tibetisch. Im Mai 1960 stellt die gute Familie Nowrojee Kundun ein halbwegs solides Haus zur Verfügung, Swarg Ashram, die „Himmlische Zuflucht". Dharamsala ist einer der regenreichsten Orte des Landes und das Dach des Hauses ist undicht. Der Dalai Lama schläft mit drei Eimern neben seinem Bett. Während ihn diese Komforteinbußen nicht stören, rufen sie bei Kämmerern und hohen Würdenträgern, die überaus besorgt, um nicht zu sagen empfindlich reagieren, wenn es um das Wohlergehen ihres wertvollen Meisters geht, Entsetzen hervor. Die Regeln des Protokolls sind unter diesen rudimentären Bedingungen sehr schwer zu beachten, sodass sie in der Praxis kaum umgesetzt werden können. Dieser neue Zustand stört Kundun nicht, im Gegenteil. „In der Vergangenheit war man zu formalistisch. Man konnte nicht frei sprechen, ja nicht einmal frei atmen. Ich mochte das Protokoll noch nie. Und nun erlaubten mir die Umstände, die Dinge zu ändern. Dadurch habe ich ein tieferes Verständnis für die Religion, vor allem für die Flüchtigkeit aller Dinge bekommen."

Der Dalai Lama bildet eine Regierung, der Nehru, der den Dalai Lama nicht als politisches, sondern als religiöses Oberhaupt aufgenommen hat, die Anerkennung verweigert. Als China jedoch verkündet, „Tibet von der Leibeigenschaft und vom Imperialismus befreit zu haben", fragt er das indische Parlament: „Aber befreit wovon? Das verstehe ich nicht." In erster Linie bemüht sich Kundun mit Unterstützung internationaler Organisationen und einem Teil seines 1950 nach Sikkim gebrachten Vermögens, den – bald 100 000 – Flüchtlingen zu helfen, die für ihren Grenzübertritt ihr Vermögen versilbern müssen und mittellos in Indien ankommen. Er besucht die über das Land verstreuten Lager. In den Nordprovinzen arbeiten Tausende Tibeter unter entsetzlichen Bedingungen an den Steilhängen im Straßenbau. Egal ob Mönch, hoher Beamter, Bauer, Frau oder Kind, sie hauen Steine in der Sonne, und in der Nacht liegen sie zu fünfzehnt oder zwanzigst in winzigen Zelten. In Bylakuppe, im südlichen Distrikt Mysore, wo die Böden

Jetson Pema, die Schwester des Dalai Lama, in Dharamsala.

zu den unfruchtbarsten Indiens gehören, bekommen die Flüchtlinge Krankheiten, die in Tibet unbekannt sind, wie die Tuberkulose, und leiden an Unterernährung. Es ist dort so heiß und feucht, dass Hunderte von ihnen, an das trockene, kalte Klima Tibets gewöhnt, schon beim Anlegen der Felder zusammenbrechen und sterben. Mit Hilfe seiner Mutter, der „Großen Mutter", wie sie genannt wird, gründet der Dalai Lama das Tibetan Children's Village, das größte Kinderdorf der Welt. Nicht alle Kinder sind Waisen, denn manche Eltern schicken ihre dorthin, damit sie eine echte tibetische Erziehung erhalten. Kundun sorgt für die Neugründung der wichtigsten Institutionen aus der verlorenen Heimat: die Dialektik-Schule, das TIPA (Tibetan Institute of Performing Arts), die Opernschule, die Einrichtung der Wettermacher und Staatsorakel. Um den Fortbestand der religiösen Kultur zu sichern, lässt er im südindischen Bundesstaat Karnataka die alten Klöster Ganden, Sera und Drepung in einem klarerweise bescheideneren Ausmaß neu aufbauen. Seine Schwestern und Brüder unterstützen ihn in all seinen Aktivitäten. Der 13. Dalai Lama hatte vorhergesagt, dass er „vervielfacht" zurückkommen würde, um seinem Nachfolger bei seiner Aufgabe zu helfen. In der Familie des 14. gibt es drei männliche Reinkarnationen und die Frauen sind von einer bewundernswerten Hingabe. Und weil das Leben trotz allem weitergeht, zähmt er einen Damhirsch, übernimmt und pflegt kranke Tiere, erzieht kläffende und widerspenstige Hunde so wie Sangye, den großen Lhasa Apso, von dem er sagt, dass er in einem früheren Leben einer jener Mönche gewesen sein muss, die während der Kulturrevolution verhungert sind. Er adoptiert ein Kätzchen, das er in einem Gestrüpp findet, wie es mit dem Tod ringt. Er nimmt es zu sich nach Hause und gibt ihm ein Medikament aus der aus siebzig Substanzen, darunter Gold, Edelsteine, Koralle und entgiftetes Quecksilber bestehenden Juwelpille Ratna Samphel. Schon nach einer Woche tollt die Katze im Garten herum. Er füttert auch die Vögel, vor allem die Spatzen, die noch mehr unter seinem Schutz stehen als die anderen. Er findet sie brüderlicher: jeder nimmt sich, was für ihn bestimmt ist, und fliegt davon. Die Vögel von Dharamsala sind sehr gern im Garten dieses menschlichen Wesens, das keine Angst verbreitet. „Alle fühlenden Lebewesen sind mir nahe, und die Tiere beeindrucken mich ungeheuerlich. Zum Beispiel finde ich Schmetterlinge ziemlich interessant. Sie legen dreißig oder vierzig Eier, alle zusammen auf ein bestimmtes Blatt an eine bestimmte Stelle. Dann öffnen sich die Eier, die Raupen schlüpfen heraus, ohne Verteidigung, ohne Schutz. Daraufhin schließen sich all diese kleinen Insekten zu einer einzigen Kraft zusammen, und zum Schluss fliegen sie dann ohne Ziel in verschiedene Richtungen davon. Das macht mich immer unglaublich traurig. Da ist das Schicksal der Bienen fröhlicher. Sie arbeiten zusammen wie eine Kolonie, mit einem höheren Verantwortungsgefühl und einer besseren Organisation als wir sie haben. Sie haben keine Religion, keine Ethik, kein Gesetz, keine Polizei, nichts! Sie machen nur ihre Pflicht mit Hingabe und Loyalität. Wir Buddhisten, wir halten uns immer für die niedrigsten der fühlenden Wesen. Ich kann immer beweisen, dass ich in gewisser Hinsicht schlechter bin als die Tiere. Deshalb habe ich einen großen Respekt vor ihnen."

Kundun versäumt nie eine Gelegenheit, seine Leibwächter mit Schneebällen zu bewerfen und seine verblüfften Minister schlägt er im Tischtennis und Badminton. Manchmal wundern sie sich, wie dieser große Lama, den so viele Leben an die Ewigkeit herangeführt haben, so kindlich sein kann. Er beginnt wieder Englisch zu lernen und spricht es schließlich mehr oder wenig richtig, aber mit einem ziemlich heftigen Akzent. Oft sagt er seiner Umgebung, wenn sie dem Verzweifeln nahe ist: „Denkt daran, dass der Schmerz aus dem besteht, was man am Vergnügen misst." Jeden Morgen steht Kundun gegen halb vier Uhr auf, egal wo er ist, er macht rund hundert Niederwerfungen vor dem großen Bronzebuddha und betet „ausnahmslos für alle Wesen". Im Lotussitz mit halbgeschlossenen Augen meditiert er über die Leere, die Unbeständigkeit, die Vergänglichkeit der Dinge, das Gesetz der Kausalität und den Tod.

Gegen sechs Uhr, wenn Dharamsala erwacht und die Frauen rote Bänder in ihre Haare flechten und ihre Kinder mit eiskaltem Wasser waschen, frühstückt der Dalai Lama mit Biskuits, Tsampa und Tee, während er BBC, All India Radio und Voice of America hört. Am Vormittag widmet er sich dann den tibetischen Angelegenheiten. Die demokratische Exilregierung besteht aus einer gesetzgebenden Versammlung, einem Nationalkomitee und sechs Ministerien, darunter eines für Gesundheit, das in Tibet nicht notwendig war, weil die Leute aufgrund des reinen Klimas kaum krank wurden. Jeder Flüchtling zahlt monatlich eine Rupie Steuer für die Aufrechterhaltung dieser bescheidenen Administration. Der Dalai Lama regt immer wieder ausdrücklich die Gründung von Oppositionsparteien an, auch die einer kommunistischen Partei, deren Mitglieder sich jedoch ständig gegenseitig ausschließen und des Abweichlertums bezichtigen, sodass sie mangels Anhänger schließlich verschwunden ist. Zu Mittag nimmt er das Essen völlig zurückgezogen zu sich und liest heilige Texte. Auch wenn er der Dalai Lama und in den Augen des tibetischen Volkes ein Buddha ist, studiert er ständig weiter und erhält Unterweisungen von spirituellen Meistern wie Trulsik Rinpoche, einem altehrwürdigen Lama, vor dem er sich niederwirft und ganz klein macht. Am Nachmittag empfängt er Widerstandskämpfer, Notabeln, Wissenschafter, Freiheitskämpfer, Milliardäre und die Ärmsten der Armen, jene Tibeter in Lumpen, die, aus ihrem Land geflohen, auf Knien schluchzend nicht wagen, dem in die Augen zu sehen, der sie anhört, über ihre Seele und ihr Herz wacht und sich manchmal umdreht, um seine Tränen zu verbergen.

Der Dalai Lama zu Hause in Dharamsala, 1979.

Seit 1973 unternimmt Kundun Reisen, um den Buddhismus zu lehren und international Aufmerksamkeit für das Drama in Tibet zu wecken. Er nimmt an Kongressen teil, erteilt Unterweisungen und gibt Pressekonferenzen. Bei seinem ersten Aufenthalt in Frankreich wird er von einem halben Dutzend Tibetologen eingeladen, die ihm vier Stunden lang die Geschichte seines Landes erklären. Er ist in Begleitung eines großen Lamas, an den er sich am Ende dieser mühseligen Sitzung diskret wendet. „Rinpoche", fragt er ihn, „Könnten Sie mir sagen, was ein Tibetologe ist?" Mehrmals übersiedelt er wegen Erdbeben. Auf seinen letzten, erdbebensicher gebauten Wohnsitz ist er sehr stolz: Über eine Parabolantenne kann er das chinesische und das russische Fernsehen empfangen. Und von seiner Terrasse aus glaubt man, wenn der Morgendunst noch über Kangra liegt, dem weiten Tal der Götter am Fuße der Gipfel, zu sehen, wie das Meer ansteigt in einer langsamen Welle, die sich unten bricht, am brennenden Indien mit seinen wie fein schraffierten Bäumen. Das Licht der Abenddämmerung verwischt die Grenze zu Tibet, und von seinem Fenster sieht Kundun für ein paar kurze Augenblicke die Ewigkeit. Die Jahre sind vergangen, und noch immer weiß die Welt nichts oder kaum etwas von dem endlosen Kampf, den ein verfolgtes Volk da oben auf seine Weise führt, mit Gebeten und Steinschleudern und mit dieser fast übernatürlichen Energie, die die Verzweiflung manchmal jenen Menschen gibt, die sich niemals unterwerfen lassen. Für sie kann nicht einmal der Tod der Freiheit trotzen. Kundun ist der bescheidene buddhistische Mönch der Gegenwart, des Augenblicks geblieben, der im Morgengrauen aufsteht, um mit den Gottheiten zu reden, der die Ewigkeit sieht, wenn es Abend wird und in das Flugzeug steigt, um die Menschen zu treffen.

Zum Weltbürger geworden, dankt er China, dass es aus ihm „den populärsten Dalai Lama" gemacht hat, „den ersten, der der BBC Interviews gab, den nützlichsten, aber auch den traurigsten". Bei jeder seiner Auslandsreisen droht China den Ländern, die ihn empfangen, mit wirtschaftlichen Repressalien oder macht Druck, damit der Dalai Lama kein Visum bekommt. „Aber China kann nicht vom Rest der internationalen Gemeinschaft isoliert bleiben. Jedes ihrer Mitglieder hat die moralische Verantwortung, das Land zur Demokratie zu führen und zu helfen, dem Volk das gewaltige Leid eines Bürgerkriegs zu ersparen. Wenn der Westen weiterhin Geschäfte mit China macht, ohne sich um die Verletzungen der Menschenrechte zu kümmern, wird die Sache wohl kaum gelöst werden. Natürlich hat die internationale Gemeinschaft auch die Verantwortung, Tibet zu helfen nach dieser langen Zeit des kulturellen Genozids und der systematischen Menschenrechtsverletzung. Und zwar aus zwei Gründen: aufgrund seiner besonderen Lage zwischen Indien und China sollten die Befreiung und Entmilitarisierung Tibets einen Friedensprozess zwischen diesen beiden aneinandergrenzenden Ländern mit ihrer sehr angespannten Beziehung in Gang setzen. Andererseits ist die tibetische Kultur nicht nur eine einmalige Kultur, sondern wie ich glaube auch ziemlich nützlich, weil sie mehr Güte und inneren Frieden, zwei für uns alle notwendige Werte, zu schaffen vermag. Langfristig kann sie den Chinesen helfen, denn der Kommunismus hat ihre Kultur zerstört und ihnen nichts dafür gegeben. Es ist notwendig, die Kulturen zu bewahren, vor allem jene, die der Menschheit Gutes tun können. Im Grunde genommen ist die Lösung von Konflikten immer spirituell. Die äußere Abrüstung muss zwangsläufig über die innere gehen."

Das ist einer der Gründe, warum Kundun fast jedes Jahr an verschiedenen Orten der Welt die Kalachakra-Initiation für den Weltfrieden erteilt. Diese extrem schwierige und daher für die meisten Menschen unverständliche Einweihung gehört zum Anuttarayoga, der höchsten Tantraklasse, und wurde zum ersten Mal von Buddha Shakyamuni gelehrt. Sie bemächtigt jene, die sie zu empfangen verstehen, unmittelbar gewisse geistige Ressourcen und eine mentale Ruhe zu entwickeln, die nicht nur ihnen selbst, sondern der ganzen Weltgemeinschaft zugutekommen. Der Dalai Lama, der an der Verbreitung des Kalachakra-Tantras großen Anteil hat, träumt davon es in Peking auf dem Tian'anmen-Platz jenen zu übertragen, die er nicht als seine „Feinde", sondern als seine „Brüder und Schwestern" sieht. Hunderttausende Menschen in aller Welt bitten ihn, ihnen die Unterweisung des Buddha zu geben. Er erinnert sie daran, dass es nicht notwendig sei, die Religion zu wechseln, sondern dass sie, wenn sie eine hätten, die eigene behalten sollten. Selbst wenn der Buddhismus als moderne und lebensnahe Religion, die er auch bleiben wird, solange der Geist weiterbesteht, für jeden wohltuend sein kann, so passt seine Praxis und sein Studium, sobald es in die Tiefe geht, nicht unbedingt für jeden. „Die religiöse Vielfalt ist

Vorbereitung für eine tantrische Initiation.

sehr wichtig", sagt er. „Im Grunde haben alle Doktrinen das gleiche Ziel und lehren moralische Prinzipien als Modell für die Verwendung von Sprache, Körper und Geist. Die Einheit zwischen den Religionen ist keine unrealistische Sache und im derzeitigen Zustand der Welt würde ihr eine immense Bedeutung zukommen. Die Einheit unter den Gläubigen würde den Ungläubigen weiterhelfen, denn dieses lebendige Licht, diese neu gefundene Übereinstimmung würde sie anregen, ihre Ignoranz, den Quell ihrer Leiden, abzulegen. Keine Freude ist jener vergleichbar, die die spirituellen Übungen bringen. Es ist die größte von allen, und sie ist von Natur aus unwiderruflich." Mit fröhlich-verschmitztem Elan lehrt Kundun vor einem immer größeren Publikum. Wenn er inmitten der Menge einen Gläubigen bemerkt, der etwas offenbar nicht verstanden hat, nimmt er die Erklärung noch einmal auf und feilt an ihr so wie an einem Diamanten geschliffen wird, bis sie perfekt ist. Wiewohl an alle gerichtet, sind seine Worte eine Opfergabe für jeden einzelnen. Manchmal kann man ihm Fragen stellen. Eines Tages fragt ein Teilnehmer: „Was werden wir machen, wenn wir alle Buddhas geworden sind?" – „Ein Fest!" antwortet er und krümmt sich vor Lachen. Am 5. Oktober 1989 ruft die Jury aus Oslo am frühen Morgen in Kalifornien an, um zu verkünden, dass sie den Friedensnobelpreis seiner Heiligkeit dem Dalai Lama verleiht. Um diese Zeit meditiert Kundun und das Gebet eines Mönchs darf nicht gestört werden. Drei Stunden später setzt er seine Brille auf, schüttelt seine rote Mönchsrobe und erfährt, dass sein friedlicher Kampf gerade belohnt worden ist. Er lächelt, weiter nichts, und seine ersten Worte gelten den zwei tschechoslowakischen Dissidenten, die als Favoriten gehandelt worden waren, und den Studenten von Tian'anmen.

Am 5. Januar 2000 taucht ein vierzehnjähriger, für sein Alter erstaunlich reifer Junge in Dharamsala auf. Orgyen Trinley Dorje, der 17. Karmapa, Oberhaupt der Kagyü-Schule und drittwichtigster religiöser Würdenträger Tibets, war gerade aus dem Schneeland in das Heilige Land Indien geflohen. Unter dem Vorwand, sich zu einem kurzen Retreat zurückziehen zu wollen, täuschte der von China gefangen gehaltene Prinz am 28. Dezember 1999 seine Wächter und verließ das Kloster Tsurphu im Hochtal von Drowolung bei Lhasa. Er hat jene bescheidene, ernste und zurückhaltende Art, die die Chinesen immer für Unterwerfung gehalten haben. Er ersucht, den Dalai Lama sehen zu können, der sogleich alle Termine absagt, um ihn zu empfangen. Der Tod des 16. Karmapa 1981 in Chicago war von erstaunlichen Phänomenen begleitet worden. Es war den amerikanischen Ärzten nicht gelungen, die Krankheit des großen Lama zu diagnostizieren. Er starb am 5. November in Meditationshaltung. Zur Verwunderung der Ärzte blieb er fünf Tage lang so sitzen. Er hatte einen Brief mit Erklärungen zum Ablauf der Suche nach seinem Nachfolger hinterlassen.

Orgyen Trinley Dorje ist ein außergewöhnliches Kind. Einige Zeit vor seiner Geburt am 26. Juni 1985 hatte sich ein seltsamer Vogel, der nie zuvor in Tibet gesehen worden war, auf das Haus seiner Eltern gesetzt und ausgiebig eine an ein Gebet erinnernde Melodie gesungen. Dann bildete sich ein doppelter Regenbogen, obwohl es in dem Tal seit Wochen nicht geregnet hatte, und blieb dort für mehrere Tage. 1992 erkennt Kundun den 17. Karmapa formell an und zum ersten Mal in der Geschichte bestätigt Peking offiziell eine Reinkarnation, mit dem Ziel, das Kind im Kloster Tsurphu unterzubringen, es dort zu indoktrinieren und den Anforderungen der kommunistischen Partei entsprechend zu formen. Man will aus ihm eine Waffe gegen den friedlichen Dalai Lama machen, den seiner Meinung nach gefährlichsten Feind Chinas. Ab 1994 wird der junge Karmapa mehr oder weniger gezwungen, Peking eine Reihe von Besuchen abzustatten, bei denen er Jiang Zemin und den „falschen" Panchen Lama trifft, vor dem er es ablehnt sich niederzuwerfen. Er flüchtet von Tibet nach Indien, um Tai Situ Rinpoche, seinen spirituellen Meister, der ihm von einem Leben in das nächste folgt und bereits hierher geflohen war, zu treffen und damit echte Unterwei-

Orgyen Trinley Dorje, 17. Karmapa.

sungen zu erhalten. „Die wichtigste Unterweisung des Buddha ist jene des Großen Mitgefühls", sagt Orgyen Trinley Dorje, „aber um sie zu praktizieren, muss man frei sein."

Zu Beginn waren die Flüchtlinge aus Tibet Männer, aber bald kamen ganze Familien an. Mein Volk so leiden zu sehen brach mir das Herz. Ein Flüchtling ist wirklich in einer verzweifelten Lage voller Gefahren. Jetzt muss er sich mit der Realität arrangieren, denn es gibt keinen Platz mehr für Illusionen.

Tibetische Waisenkinder landen an Bord amerikanischer Militärflugzeuge in Pathankot, Indien, um danach nach Dharamsala weiterzureisen, 1960er Jahre.
Unten und rechte Seite unten: *Baracken des tibetischen Flüchtlingslagers Missamari, Indien.*
Rechte Seite oben: *Tibetische Flüchtlinge auf dem Weg ins Exil.*

Wenn uns die indische Regierung und das indische Volk nicht so großzügig aufgenommen und unsere Exilgemeinschaft unterstützt hätten und wenn wir nicht die Hilfe von Organisationen und Privatpersonen aus vielen Regionen der Welt erhalten hätten, wären von unserer Nation heute wahrscheinlich nur ein paar verstreute Bruchstücke übrig. Unsere Kultur, unsere Religion und unsere Identität würden in der Tat nicht mehr existieren.

Oben: *Demonstration in Neu Delhi gegen die Besatzung Tibets durch China.*
Rechts: *Bild aus dem Indisch-Chinesischen Krieg, 1962.*
Linke Seite oben: *Der indische Ministerpräsident Jawaharlal Nehru und der Dalai Lama.*
Linke Seite unten links: *Der Dalai Lama und Indira Gandhi.*
Linke Seite unten rechts: *Der Dalai Lama bei einem Empfang mit dem Gouverneur von Uttar Pradesh, B.N. Dass, in Neu Delhi.*

Oben: *Tibetische Flüchtlinge beim Straßenbau nach ihrer Ankunft in Indien in den 1960er Jahren.*
Unten: *Tibeter bei der Feldarbeit in Südindien.*
Rechte Seite oben: *Besuch des Dalai Lama 1960 in Südindien vor der Gründung einer Flüchtlingskolonie in Mysore.*
Rechte Seite unten: *Der Dalai Lama mit Flüchtlingskindern in Kulu Manali in Indien.*

Als die indische Regierung beschloss, mir in Dharamsala Quartier zu geben, so weit weg von der Hauptstadt, fragte ich mich, ob man versuchte, mich von der Welt fern zu halten.

Ich hatte viele Tibeter gesehen, wie sie eifrig im Straßenbau mitarbeiteten, unter Bedingungen, die mich bedrücken. Und dennoch konnte ich zwei Wochen nach unserer Ankunft die erste Kinderkrippe eröffnen. Ich bat Tsering Dolma, meine ältere Schwester, ihre Leitung zu übernehmen. Fünfzig Kinder wurden in einem Raum betreut, der schon für sie viel zu klein war, und zu Jahresende waren es drei Mal so viele. Aber trotzdem war uns die gute Laune der Waisen ein Trost.

Die Exiltibeter üben ihre vollen demokratischen Rechte aus dank einer Verfassung, die ich 1963 erlassen habe. Dann haben wir mit gewaltigen Mühen alle Schriften, die wir finden konnten, gesammelt, aufbewahrt und veröffentlicht und darüberhinaus Zentren errichtet, in denen der Buddhismus gelehrt und praktiziert wird.

Oben: *Raum des Ministerrates der tibetischen Exilregierung in Dharamsala.*
Unten: *Cybercafé in Dharamsala.*
Rechte Seite oben: *In der Bibliothek restaurieren Mönche sehr alte Manuskripte, die sie vor den chinesischen Eindringlingen gerettet haben.*
Rechte Seite unten: *Im Haus tibetischer Flüchtlinge in Dharamsala.*

Die dialektischen Debatten, die auf einer genauen Kenntnis der Philosophie und der religiösen Texte beruhen, sind ein einzigartiger und essenzieller Bereich der tibetischen Studien in den Klosterschulen. Bei der Diskussion wird jeder Punkt durch eine klare Geste beider Hände unterstrichen, mit der entweder der Gegner aus der Fassung gebracht oder die eigene Aufmerksamkeit gestärkt werden soll, damit man beim Argumentieren den Faden nicht verliert.

Junge tibetische Mönche üben für dialektische Debatten in Dharamsala.
Rechte Seite oben: *Gebetsraum in der befestigten Residenz des Karmapa im Kloster Gyuto bei Dharamsala.*
Rechte Seite unten: *Ein Mönch füllt die Butterlampen in einem Tempel.*

Der Dalai Lama bei einer internationalen Pressekonferenz in Dharamsala am 18. März 2008.
Rechte Seite: *Der Dalai Lama bei einer Unterweisung in Zürich, 2005.*

Jede Person, auch eine, die mir feindlich gesinnt ist, ist wie ich ein Lebewesen, das das Leid fürchtet und nach Glück strebt. Sie hat dasselbe Recht, vom Leid verschont zu werden und Glückseligkeit zu erlangen. Diese Überlegung führt dazu, dass wir uns vom Glück des Anderen, egal, ob Freund oder Feind, stark betroffen fühlen. Das ist die Grundlage für echtes Mitgefühl. Ein solches Mitgefühl hängt nicht von der Haltung der Person ab, der unser Mitgefühl gilt. Sich vom Schicksal einer Person betroffen zu fühlen, weil sie uns wohlgesinnt ist, ist kein Mitgefühl. Auch wenn er mir feindselig gegenübersteht, ist der Andere so wie ich ein menschliches Wesen, das das Leid fürchtet und natürlich nach Glück strebt.

Der frühe Morgen, wenn der Geist noch frisch und besonders wach ist, ist für mich die beste Zeit für die spirituelle Übung. Deshalb stehe ich immer gegen vier Uhr auf, egal wo ich gerade in der Welt bin. Ich reserviere mindestens fünfeinhalb Stunden pro Tag für Gebet, Studium und Meditation. Manchmal bete ich auch, wenn ich esse oder reise. Für letzteres habe ich drei Gründe: meine tägliche Pflicht zu tun, meine Zeit konstruktiv zu füllen und die Angst fernzuhalten! In meiner täglichen Übung gehe ich sechs oder sieben Mal durch die Phasen des Todes. Das ist eine gängige Übung bei den Buddhisten und ob es einem gefällt oder nicht, jeder ist aufgerufen, ja sogar gezwungen, über den Tod zu meditieren. Es ist wichtig zu lernen, was der Sterbevorgang ist und sich darauf vorzubereiten.

Unten und rechte Seite oben: *Zwei Fotos des Dalai Lama bei seinen 108 Niederwerfungen vor einer Buddhastatue, mit denen er seinen Tag beginnt. Zwischen den beiden Aufnahmen der großen Fotografen James Nachtwey (unten) und Henri Cartier-Bresson liegen fünfzehn Jahre.*
Rechte Seite unten: *Der Dalai Lama in seinem Tempel in Dharamsala.*
Folgende Doppelseite: *Im Hauptraum der Residenz des Dalai Lama in Dharamsala.*

Das tägliche Leben des Dalai Lama in Dharamsala.
Oben: *Bei der Lektüre heiliger Texte.*
Links: *Der Dalai Lama repariert gerne kleine Mechaniken wie Uhren oder einfache Geräte wie hier einen Heizkörper.*
Rechte Seite: *Beim Spaziergang mit seinen Leibwächtern unter dem Schutz der indischen Armee.*

Gegen neun Uhr gehe ich in mein Büro, wenn ich Termine habe. Sonst arbeite ich an meinen Texten. Ich präge mir die Texte, die ich in der Vergangenheit studiert habe, ein und beschäftige mich intensiv mit den Kommentaren der großen Meister der verschiedenen Schulen des tibetischen Buddhismus. Ich denke über die Unterweisungen nach und meditiere ein bisschen. Gegen vierzehn Uhr esse ich zu Mittag. Dann beschäftige ich mich bis siebzehn Uhr mit den laufenden Geschäften. Ich treffe die gewählten Vertreter des tibetischen Volkes, die Minister der Exilregierung und andere Beamte und empfange Besucher. Gegen achtzehn Uhr nehme ich den Tee zu mir. Wenn ich einen leeren Magen habe, frage ich den Buddha um Erlaubnis und knabbere ein paar Biskuits. Dann spreche ich meine Abendgebete und schlafe gegen einundzwanzig Uhr ein. Das ist der angenehmste Augenblick des Tages! Ich schlafe ruhig bis halb vier Uhr morgens.

Meine erste Reise außerhalb Indiens machte ich 1967. Seitdem wurden meine Besuche im Ausland immer häufiger – trotz der Schwierigkeiten, die die chinesische Regierung macht. Obwohl die allermeisten meiner Reisen für die Gläubigen und auf Einladung der verschiedenen buddhistischen und tibetischen Gemeinschaften in der Welt stattfinden, sieht Peking darin immer ein politisches Engagement. Deshalb mussten die meisten Regierungen aus Angst, ihre Interessen mit China zu gefährden, darauf verzichten mich offiziell zu treffen.

Oben: *Der Dalai Lama und Matthieu Ricard im Europäischen Parlament.*
Rechts: *Am 10. Dezember 1989 erhält der Dalai Lama von Egil Aarvik, dem Präsidenten des norwegischen Nobelpreiskomitees, an der Universität Oslo den Nobelpreis überreicht.*
Linke Seite: *Der Dalai Lama gibt in Los Angeles eine Unterweisung, 2000.*

Als mich jemand fragte, was ich fühlen würde, wenn mich die Chinesen einen Teufel nennen, antwortete ich: Manche sagen, ich sei ein „lebender Gott". Das ist absurd. Manche sagen, ich sei ein Teufel mit zwei kleinen Hörnern. Das ist auch absurd.

In ihrem Ursprung haben alle großen Religionen das Ziel, den Menschen zu bessern und nicht, ihm zu schaden. In allen spirituellen Lehren findet man den Begriff der Nächstenliebe, auch wenn dieses Ideal oftmals durch die Fakten widerlegt wurde. Zu einer solchen Perversion kommt es, wenn man die Religion wie eine Fahne schwingt, wenn man sie zum Diktat macht, ohne ihren tieferen Sinn zu verstehen oder zu praktizieren.

Oben: *Der Dalai Lama bei einem Treffen mit allen geistlichen Führern der verschiedenen Religionen, 1986 in Assisi, Italien.*
Rechts: *Abbé Pierre und der Dalai Lama im Weinberg Farinet im Kanton Wallis, Schweiz, 1999.*
Linke Seite oben: *Treffen mit dem französischen Publikum in der Sportarena Palais omnisports von Paris – Bercy, 2003.*
Linke Seite unten: *Der Dalai Lama bei einer Pressekonferenz in Großbritannien, 2008.*

5. Epilog

China hatte auf die „8" gesetzt, die heilige Zahl für Glück, Gesundheit und Wohlstand. Am 8. 8. 2008 um 8 Uhr, 8 Minuten und 8 Sekunden sollten in Peking die Olympischen Spiele eröffnet und damit das Reich der Mitte zum Zentrum der Welt werden. Aber das Jahr begann mit einem Schneesturm, wie man ihn seit erdenklichen Zeiten nicht erlebt hatte. Dann folgte eine Katastrophe nach der anderen: Überschwemmungen, Grenzstreitigkeiten, Eisenbahnunfälle, massive Lebensmittelvergiftungen. Am 12. Mai, achtzig Tage vor der Eröffnungsfeier, verwüstete ein Erdbeben der Stärke 7,9, in den ersten Stunden Schätzungen zufolge sogar 8, Sichuan im Grenzgebiet zu Tibet. Für die Chinesen ist das ein schlechtes Vorzeichen. Nach den alten Vorstellungen der Theorie vom „Himmlischen Auftrag" gibt der Himmel die Macht, und er nimmt sie wieder. Erdbeben haben das Schicksal der Kaiser immer stark mitbestimmt. Auch 1976, als Mao starb, hat die Erde gebebt. Acht Tage zuvor hatte in Chutian, einer Kleinstadt in der Provinz Hebei, ein Strudel einen Teich mit 100 Meter Durchmesser mit lautem Getöse verschlungen, ein Vorbote unheilvoller Tage. Dieses Phänomen war schon dreimal aufgetreten: 1949 bei der Gründung der Volksrepublik, 1976 bei Maos Tod, 1989 im „Pekinger Frühling".

Jedes Jahr demonstrieren die Tibeter zum Gedenken an den Aufstand von 1959 friedlich auf dem Barkhor rund um den heiligsten Platz der Hauptstadt und fordern das Ende der Unterdrückung. Und jedes Jahr wird die Verzweiflung der Bewohner von Lhasa größer. Die Olympischen Spiele sind die letzte Chance, der Stimme des geopferten Tibets Gehör zu verschaffen und einen Appell an die internationale Gemeinschaft zu richten. Nachdem die Olympische Fackel am 25. März Olympia verlassen hat, wird der Fackellauf trotz schweren Polizeiaufgebots in mehreren Ländern von protibetischen Aktivisten gestört, woraufhin man die riskanten Etappen streicht.

Am 14. März werden zwei friedliche Mönche von der chinesischen Polizei verprügelt. Tibeter lassen ihrer Wut freien Lauf und stecken chinesische Geschäfte in Brand. Sie bewerfen die Soldaten mit Pflastersteinen, die mit Tränengas und Wasserwerfern antworten. Militärlastwägen werden angezündet. Als Mönche verkleidete Han-Chinesen und prochinesische Mönche mischen sich unter die Demonstranten mit dem Auftrag, den Hass zu schüren und generell zu provozieren. Panzer rollen in die Städte. Die Truppen feuern in die Menge. In der Nacht brechen Soldaten Haustüren auf und verladen Männer, Frauen und Kinder, um sie an unbekannte Ziele zu bringen. Sie nehmen den Familien die Leichen weg, um Spuren zu verwischen. Die Unruhen breiten sich nach Kham, Amdo und in die von Tibetern bewohnten chinesischen Provinzen, wie Gansu und Sichuan, aus. Die „one on zero", Gruppen von mafiösen, blutrünstigen Barbaren, die bizarrerweise an die Roten Garden der Kulturrevolution erinnern, schlagen Nomaden und Bauern in den entlegensten Landstrichen nieder. Leute werden aus nächster Nähe getötet. Die Lamas können die Bevölkerung kaum beruhigen.

Am Anfang kann die Staatsführung nicht verhindern, dass Bilder der Unruhen durch den eisernen Vorhang der Zensur nach außen dringen.

In Sichuan und Gansu wird der Strom abgedreht, um das Wiederaufladen der Mobiltelefone zu verhindern. Die Bilder, die Peking über die nationalen Fernsehstationen schickt, zeigen Tibeter beim Demolieren chinesischen Eigentums, aber keinen einzigen Chinesen beim Zerstören tibetischer Einrichtungen. Peking beklagt fünfzehn unschuldige chinesische Opfer und verliert kein einziges Wort über die 4 000 Verhaftungen und 200 Toten auf tibetischer Seite.

Am 18. März verkündet der Dalai Lama in Dharamsala, dass er zurücktreten werde, wenn die Revolte der Tibeter in Gewalt eskaliert. „Sie wäre selbstzerstörerisch, ich habe überhaupt keinen Einfluss auf die Situation." Er verwarnt die führenden Mitglieder des Tibetan Youth Congress, einer radikalen Bewegung, die den Mittleren Weg der Autonomie ablehnt und die völlige Unabhängigkeit Tibets fordert. „Ich bewundere euren Kampf, aber ob ihr mir zuhört oder nicht, es ist mir wichtig euch zu sagen, dass eure Forderung nach Unabhängigkeit uns in Gefahr bringt. Unser Volk ist an einem kritischen Punkt unserer Geschichte angelangt, und China manipuliert euch. Der Kampf für die Freiheit ist ein ehrlicher Kampf, nicht ein kriegerischer. Aber ich habe keinerlei Macht euch zu befehlen: ‚Shut up!' (Haltet den Mund!)."

In einer öffentlichen Erklärung benutzt Premierminister Wen Jiabao Worte, die weder zum Lachen noch zu demen-

Niederschlagung einer friedlichen Demonstration tibetischer Mönche in Katmandu.

tieren sind. „Während wir mit der größten Zurückhaltung gegenüber den Demonstranten vorgegangen sind, können wir klare Beweise vorlegen, dass die Vorfälle, denen mehrere unschuldige Chinesen zum Opfer gefallen sind, von der Clique rund um den Wolf in der Mönchskutte geschürt und organisiert worden sind." „Wolf mit Schlangenkopf", „Teufel mit Menschengesicht" zählen zu den stalinistischen Schimpfwörtern, mit denen die Staatsführung Kundun bedachte. In seiner Ratlosigkeit, wie es mit dem Dalai Lama umgehen soll, arbeitet Peking, während es mit unverhohlener Ungeduld auf sein Ableben wartet, verbissen daran, sein Image zu zerstören. Aus Fantasiemangel beschuldigt die offizielle Propaganda Kundun „kleine Kinder zu töten, um ihr Blut aus dem Schädel zu trinken und die Haut ihrer Popos zu Lampenschirmen zu verarbeiten." In Xinjiang und in den Vorstädten der Hauptstadt kommt es zu Terrorattentaten, die uigurischen Separatisten zugeschrieben werden. Die offizielle Propaganda benutzt die Unruhen dazu, einen ethnischen Konflikt herbeizureden und die Chinesen gegen das tibetische Volk aufzuhetzen. Peking beschuldigt offen die „Clique" des Dalai Lama, „mit Hilfe der uigurischen Unabhängigkeitskämpfer Selbstmordattentate und terroristische Aktionen vorzubereiten, um das Mutterland zu destabilisieren." „Die Beleidigungen sind ihr Problem. Nicht meines!" meint Kundun lachend. „Trotzdem kann ich mich zur Hälfte kommunistisch fühlen, denn für den Kommunismus steht das Wohl des Volkes an erster Stelle. Schade, dass er durch die Macht verdorben wurde. Das heutige China ist ein kommunistisches Land ohne kommunistische Ideologie."

Am 21. März ist Nancy Pelosi, Sprecherin des Repräsentantenhauses und zweite in der Nachfolge des letzten amerikanischen Präsidenten, in Dharamsala. Sie ruft die internationale Gemeinschaft auf, die Anschuldigungen der chinesischen Regierung, denen zufolge seine Heiligkeit die Unruhen in Tibet angestiftet hätte, in einer unabhängigen Untersuchung zu prüfen. „Die Tibet-Frage ist eine Herausforderung für das Gewissen der Welt", appelliert sie. Die Antwort Pekings folgt prompt: „Wir haben alle Beweise, sie sind unbestreitbar. Und so sehen sie aus: Die Gewalttaten fanden zur gleichen Zeit in mehreren Regionen Tibets statt und waren alle gleicher Natur. Es ist sehr wohl der Wolf mit Schlangenkopf, der alles geschürt hat." Nun wissen alle Tibeter, dass der 10. März 1959 der Tag des Aufstands von Lhasa war, und die Chinesen wissen es ebenso, wo sie doch Tibet vorsorglich drei Wochen vor diesem heiklen Jahrestag für Touristen sperren.

Kundun teilt mit, dass er bereit sei, Vertreter der chinesischen Regierung zu treffen, insbesondere Präsident Hu Jintao. Die Pekinger Führung antwortet so knapp, dass man glauben könnte, sie wäre stocktaub: „Wir sind für jeden Dialog offen, unter der Bedingung, dass der Dalai Lama auf seine Unabhängigkeitspläne und seine sezessionistischen Vorhaben verzichtet."

Zum ersten Mal richten sich die Augen der Welt auf Tibet, das, nachdem es zum leisen Tod verurteilt war, sein Überleben mit Tränen aus Blut sichern will. Die Sympathie, die Kundun, für die unablässige Verteidigung seines Volkes zum Weltbürger geworden, in der ganzen Welt weckt, spielt dabei eine essenzielle Rolle. Es ist das Pech der Birmanen keinen Dalai Lama zu haben.

Das tibetische Oberhaupt bestätigt willkürliche Verhaftungen, pauschale Exekutionen, Folterungen bis zum Tod. Es weist auf die Absicht der chinesischen Regierung hin, nach den Olympischen Spielen noch eine Million Han-Chinesen in die autonome Region zu bringen und erinnert an die Kulturrevolution. Am 4. Mai werden die Verhandlungen zwischen den beiden Parteien in Shenzhen in der Kanton-Provinz wieder aufgenommen. Sieben Mal haben die tibetischen Gesandten die Chinesen bereits getroffen, ohne dass sich eine Lösung abgezeichnet hätte. Und ewig wiederholt Peking seine alte Leier: „Solange der Dalai Lama und seine Clique weiterhin die Unabhängigkeit Tibets fordern, gibt es keine Aussicht auf Dialog." Als ob die Kommunisten Angst hätten, dass ganz China das Gesicht verlieren würde, wenn sie das Gegenteil sagten.

Wenn Peking den Ländern, die den Dalai Lama empfangen, mit wirtschaftlichen Repressalien wegen „Einmischung in innere Angelegenheiten" droht, beugen sich alle oder fast alle dem himmlischen Willen. Angela Merkel weigerte sich, bei der Eröffnungszeremonie der Olympischen Spiele anwesend zu sein und nichts ist passiert. Die Chinesen respektieren diejenigen, die wissen, wie sie ihnen die Stirn bieten. Die spanische Justiz, die im Jahr 2005 formell erklärt hat, auch für außerhalb Spaniens begangenen Völkermord und Verbrechen gegen die Menschlichkeit zuständig zu sein, brachte Klage gegen sieben führende chinesische Politiker für die Übergriffe aus den Jahren 1980 bis 1990 ein. Darunter Hu Jintao, in jenen Jahren Chef der Kommunistischen Partei in Tibet und Träger des Beinamens „Schlächter von Lhasa".

Kundun ist der Ansicht, dass in dem Maße, in dem China Groß-Tibet immer als besondere, sich von jeder anderen Provinz unterscheidende Einheit betrachtet hat, die Geschichte eine gute Grundlage für eine Autonomie Tibets bietet. Der Fünf-Punkte-Friedensplan, den er 1988 vor dem Europäischen Parlament in Strassburg präsentiert hat, wird detailliert überarbeitet. Ein Punkt ist Kundun besonders wichtig: „Unser Land ist so schön, so rein, so klar, und ich träume davon, dass es eines Tages wirklich zu einem heiligen Ort des Friedens gemacht wird: ein völlig entmilitarisiertes Gebiet, der größte National- oder Biosphärenpark der Erde, ein Ort, an dem alle Menschen in Einklang mit der Natur leben könnten. Glauben Sie nicht, dass das eine gute Sache wäre? Sie würden kommen, um einen friedlichen Urlaub zu machen und uns würde das Geld bringen, ohne dass wir zu viel arbeiten müssten. Es ist doch wichtig, den Tourismus zu entwickeln, oder?" Ganz aus dem Häuschen vor Freude über diese Idee, bricht Kundun in Lachen aus, in dieses Lachen über die Welt, das so ist, als würde er uns den Himmel schenken.

Ich bin zutiefst betrübt über die Toten bei den tragischen Ereignissen von 2008, bei denen unschuldige Tibeter die Brutalität der chinesischen Einsatzkräfte in Tibet zu spüren bekamen, und ich bin mir bewusst, dass auch Chinesen zu Tode gekommen sind. Ich fühle mit den Opfern und ihren Familien, und ich bete für sie. Die jüngsten Unruhen zeigen deutlich, wie ernst die Situation in Tibet ist und wie dringend eine friedliche, für beide Seiten gute Lösung durch den Dialog gefunden werden muss. Selbst unter den aktuellen Umständen drücke ich der chinesischen Regierung gegenüber meinen Willen aus mit ihr zusammenzuarbeiten, um Frieden und Stabilität herzustellen.

Demonstration für Tibet und gegen die Olympischen Spiele von Peking 2008.
Unten von links nach rechts: *Ein Aufrührer unter Aufsicht eines Polizisten in einem Gefängnis in Lhasa, 27. März 2008. Polizisten schützen sich vor den Steinwürfen von Aufständischen bei den Unruhen in Lhasa im März 2008. Tibeter flüchten vor den Auseinandersetzungen zwischen Demonstranten und chinesischen Soldaten.*
Linke Seite oben: *Der Dalai Lama bei einer Konferenz über die Menschenrechte und die Globalisierung im RuhrCongress Bochum in Deutschland.*

Ich habe von Anfang die Idee unterstützt, dass China die Möglichkeit bekommt, die Olympischen Spiele auszutragen, und ich habe meinen Landsleuten in Lhasa und anderswo davon abgeraten, gegen die Olympische Flamme zu demonstrieren. China muss sich zur aktuellen internationalen Tendenz hin entwickeln, der Freiheit des Seins und Denkens und dem Respekt der Menschenrechte. Sein Volk beginnt das einzufordern.

Oben: *Schlusszeremonie der Übergabe der Olympischen Fackel vor dem Potala-Palast, 2008.*
Rechts: *Der chinesische Ministerpräsident Hu Jintao bei der Übergabe der Olympischen Fackel auf dem Tian'anmen-Platz in Peking.*
Linke Seite: *Eröffnungsfeier der Olympischen Spiele in Peking, 8. August 2008.*

Wenn Tibet wieder einen freien und autonomen Status hat, werde ich jede politische und offizielle Funktion zurücklegen. Als einfacher Mönch werde ich näher bei meinem Volk sein. Leichter verfügbar und auch nützlicher.

Inhalt

Vorwort ... *4*

1. Und aus Lhamo Thondup wurde der 14. Dalai Lama ... *10*
2. Von der chinesischen Invasion bis zur Flucht nach Indien ... *38*
3. Tibet ohne den Dalai Lama ... *58*
4. Tibet im Exil ... *82*
5. Epilog ... *108*

Bildnachweis

AFP Photos:
:   40, 46 u., 53, 59, 60 r., 66, 67, 76 o., 77 o. (Mark Ralston), 86 o., 89 o., 96 (Manan Vatsyayana), 104 (Lucy Nicholson), 105 u. (Olav Olsen), 111 u. (Rune Backs), 113 u. (Peter Parks).

AKG-Images:
:   72 o (Mark de Fraeye).

Archiv des Norbulingka Institute:
:   12, 18, 19, 22 u., 33, 41, 50, 51, 54, 55, 57 u., 88 o., 88 u.l., 90, 91

Corbis:
:   15 (Hulton-Deutsch collection), 20 und 21 r. (Bettman), 27 u. (Craig Lovell), 49 (Bettman), 68 o. und 69 (Anna Branthwaite).

Cosmos:
:   92, 93, 94 o., 94 M. und 95 u. (Hélène Bamberger), 107 u. (Gilbert Vogt).

D.N.Tsarong/CRI-Lorraine:
:   17 o., 37, 44 M., 44 u.

David Lefranc:
:   80 o.

EPA:
:   114 (Andy Rain).

Ethnologiemuseum der Universität Zürich/Heinrich Harrer:
:   26 o.

Gamma:
:   62 (Arnaud Prudhomme), 63 o. (Xinhua-Chine nouvelle), 65 o. (Arnaud Prudhomme), 68 u. (Xavier Rossi), 78–79 (François Lochon-Frédéric Reglain), 81 u. (François Lochon), 82 (Xavier Rossi), 84 (Arnaud Brunet), 85 (Davies Karen), 106 o. (Arnaud Brunet), 106 u. (Hugo Philpott/UPI), 108 (Noël Quidu), 110–111 u.M. (Xinhua-Chine nouvelle).

Getty Images:
:   72 u. (Paula Bronstein), 86 u. und 87 u. (John Dominis/Time Life Pictures), 89 u. (Radloff/Three Lions), 110 o. (Patrick Stollarz), 113 o. (Guang Niu), 115 (Carsten Koall).

Godong:
:   Cover hinten, 116 (P. Deliss).

Imagno/Ullstein:
:   Cover vorne.

Jacques Torregano/Fedephoto:
:   64–65 u., 73 u., 81 o.

Keystone-France:
:   22 o., 28 o., 29, 31, 36 o., 38, 44 o., 45, 46 o., 47, 48 o., 52, 56 o., 87 o, 88 u.r.

Magnum Photos:
:   73 o. (Steve McCurry), 83 (Raghu Rai), 99 o. (Henri Cartier-Bresson), 99 u. (Martine Franck), 102 u. (Raghu Rai), 107 o. (Ferdinando Scianna).

Manuel Bauer/Focus-Contact Press Images:
:   100–101, 105 o.

Rapho:
:   61 (Pierre-Yves Ginet), 63 u. (Julien Chatelin), 64 o. (Michaël Yamashita), 70 und 71 (Pierre-Yves Ginet), 76 u. (Michaël Yamashita), 80 u. (Pierre-Yves Ginet), 81 M. und 94 u. (Julien Chatelin), 95 o. (Hervé Bruhat).

Rechte vorbehalten:
:   58, 60 l.

Reuters:
:   111 o. (Susana Vera), 112 (Jeremy Lampen).

Rue des Archives: 16 (BCA/CSU), 17 u. (SVB), 39 (BCA/SCU), 42 und 43 (Tal), 48 u. und 56 u. und 57 o. (AGIP), 97 (SPPS).

Sipa:
:   74–75, 77 M. und 77 u. (Jeremy Hunter), 110 u. (Andy Wong).

The British Museum:
:   10, 11, 21 u., 23, 27 o., 32 u.

The Pitt Rivers Museum:
:   13, 14, 21 o., 21 M.l., 24–25, 26 u., 28 u., 30, 32 o., 34, 35, 36 u.

VII: 98, 102 o. und 103 (James Nachtwey).